U0009271

翻轉學

翻轉學

翻轉學

翻轉學

讓你和小孩 財富翻身的 脫貧思維

獲利兆元操盤手教你翻轉家庭金錢觀，
為子女打造致富DNA，拒當下流老人，安穩退休

John Lee——著 林建豪——譯

엄마, 주식 사주세요: 존리의 미래를 위한 투자 원칙

目 錄

PART 2 讓財富翻身的投資法

好評推薦

「補習班沒教的投資思維，啟發孩子的有錢 DNA。」

—— 股海老牛，「抱緊股」投資達人

「思維是影響一生成敗的關鍵，孩子的一輩子怎麼過取決於他怎麼想，擁有財富腦袋與善良的孩子註定能幸福一輩子。」

—— 精算媽咪珊迪兔，Mompower 媽媽商學院創辦人

前言
想讓子女成為有錢人，就從父母做起

2012 年，我出版了一本專門傳授投資股市哲學的著作《為什麼投資股票？》（왜 주식인가），受到廣大回響，讀者紛紛表示這本書對建立正確的投資哲學受益良多。

後來，我回到韓國並擔任韓國頂尖股票基金公司邁睿思資產管理有限公司（Meritz Real Estate Asset Management）執行長，績效長紅。雖然這是我首次在韓國公司工作，但我運用二十多年在美國金融市場工作的經驗，創造了非凡的成果。

我們投資團隊的良好表現，讓邁睿思資產管理的基金收益躍升前段班，基金規模（AUM）*也有顯著增

* 即某檔基金目前的總資產價值。

加，許多投資人都認識我們，媒體對邁睿思的成長也給予許多正面的報導。邁睿思幾項破天荒的措施，也在長期停滯的金融產業掀起一陣旋風。

以前有幾間出版社曾建議我出書，分享短時間內擁有高勝率的故事，但我都拒絕了，因為前一本著作早已詳細說明，應該投資股市的理由及投資股市應具備的方法。另外，我的本業是投資人，不是作家，所以出書不是我的目標，不過最近我卻認為出書是非常迫切的事，因為我發現，有很多理財觀念大眾都還不知道，如果我能出書分享，讓大眾改變思維，就能明顯提升生活品質。

在美國時，我擔任南韓基金的基金經理人長達 15 年，有信心比任何人都更了解韓國。每當前往世界各國介紹韓國市場潛力時，內心都很澎湃，不只因為我是韓國人，還有我以金融界客觀分析後得到的結論。

這項信念至今沒變。不過，此一信念僅限於介紹國家，當我實際接觸大眾時，漸漸發現許多難以理解的現象。

舉例來說，過去 2 年，我接觸過的數萬人中，很多人看起來都非常排斥變成有錢人，最明顯的證據，就是貧窮階層的人變多。在貧富差距惡化後，全世界都出現金錢集中在高階資本家的現象。不過，韓國老人的貧窮化卻特別嚴重。

韓國人號稱工作效率佳且努力上進，照理說經濟狀況應該很好，能安穩退休，但為何年近 70 歲還要開計程車？頂著滿頭白髮卻還在便利商店上大夜班？更令人難以理解的是，這些人絕大部分曾任職於大企業。

其中有的人只是因為靜下來就會手癢想找事做，純粹把這工作當消遣。不過，多數都是為了維持生計。如果一輩子都努力工作，老了還是過窮困生活，就表示一定有哪裡出錯。

讓小孩補習，是報酬率最差的投資

通常只要談論這類話題，對方都會回答：「因為養小孩，才沒準備好退休金。」我起初聽到都很驚訝，雖然養小孩需要花不少錢，但有多到連退休金也得花光的地步嗎？

因為好奇，我深入探究韓國補教業的實際狀況。簡單來說，那是天文數字！全韓國一年的補習費總額將近 20 兆韓元（約新台幣 5,000 億元）*。2016 年韓國的國家預算是 386 兆韓元（約新台幣 9.65 兆元），兩相比較就清楚知道那是多麼龐大的數字。

甚至有調查指出，在韓國高級住宅區江南洞，有些家庭所得的 38％都用來支付補習費，有的家庭每個月平均 1 名高中生子女的補習費是 200 萬韓元（約新台幣 5 萬元），如果有 2 名以上的子女，想要存錢就像天

---

* 據台灣資策會統計，台灣補教業年產值約新台幣 1,500 億～1,700 億元。

方夜譚，也因為如此，我充分明白為什麼有人會說，養育小孩就無法準備退休金。

不過，我實在無法理解為何要花那麼多錢補習，因為這條路很明顯與變成有錢人完全反方向。想成為有錢人就必須投資，但把錢拿去補習，別說投資，根本就是不斷把水倒進破洞的水缸。

把錢都拿去讓孩子補習，這大概是父母希望孩子能不輸給他人、有優異表現的方式吧！如果鄰居小孩補2科，自己的小孩至少也要補2科。許多家長讓小孩補習，為的是希望小孩成績不要落後，畢業後能找到穩定的工作，不過，**單單只為了「穩定」就把孩子塑造成只會讀書的學生、認分工作的上班族，我認為並不是最好的選擇**。

我們應該明白，一味追求穩定，只會創造出不安穩的未來。對身為基金經理人的我來說，投資報酬率（Return on Investment, ROI）最差強人意的項目是補習。

韓國有一段時間流行「媽朋兒」*、「媽朋女」†等用語，代表韓國社會存在特別在意他人目光、喜愛與他人比較的傾向。父母擁有無論如何「絕對不能輸」的強烈鬥志，不僅父母不想輸，也教導孩子必須贏得每次競爭。

另外，就如同韓國有「裙子之風」‡一詞，代表多數家庭是媽媽掌握補習的實權，所以我便有了「經濟狀況想變寬裕，媽媽就該成為有錢人」的想法，為了把這想法轉達給媽媽們，我才決定寫這本書。正確來說，無論是媽媽或爸爸，本書主要以管理家庭收支者為對象。

韓國社會之所以會發生老年嚴重貧窮的問題，雖然原因很多，但我想以補習的問題進行探討，因為補習不只會衍生出父母老年貧窮的問題，補習本身的問題更嚴重。

---

* 即媽媽朋友的兒子，意指長相優、功課好、品行佳等各方面無懈可擊的男性。

† 即媽媽朋友的女兒，意指長相漂亮、成功優異、品行佳等各方面無懈可擊的女性。

‡ 比喻女性熱衷的活動。

逼小孩考上名校，不如教他們為自己工作

整天忙著讀書的小孩，不但沒機會發揮天賦，補習文化灌輸的教育方式，也會讓孩子變成像工廠批量生產的商品，思考能力受局限，只會擁有和其他人相同的思維。

韓國考試制度的特性，就是熟背既定答案，依照回答程度決定優劣。用這樣的方式教育下一代，無疑是局限了孩子的發展，連帶也會使國家競爭力衰退，國家競爭力衰退當然就會再次限制個人發展，形成無止境的惡性循環。我在本書前半部想先談論補習和退休準備。

想成為有錢人，希望孩子擁有好的生活品質，家長就該先改變想法。**現在已經不是成績優異、取得頂尖大學畢業證書，就一定能成為有錢人的時代，而是只憑薪水一輩子都很難買房的時代**。在資本主義社會最有效的賺錢方法就是成為資本家。

想成為有錢人，就該為自己工作，而不是為他人付

出勞力，上班族就是為別人工作。與其努力找工作，自己創業才是成為有錢人最快的方法。

如果逼不得已非上班不可，至少也要投資股市。在本書後半部會說明一定要投資股市的理由，以及韓國股市的魅力。探討一些投資人把投資股市視為賭博的原因，還有依賴線圖買賣股票、聽小道消息短期進出終將會失敗的原因。

你可從書中再次找到正確的投資哲學，我也會分享如何選擇優質公司、長期成功投資股市的方法。希望能有越來越多人藉由本書，成為有錢人。

我在大二之前都住在韓國，後來在美國生活了 35 年，此一背景對我寫書也有很大幫助。我認為借鏡美國的成功案例，就能加強韓國的不足之處，我們不能讓孩子變成只會讀書的井底之蛙，我不希望錯誤的教育體系讓下一代錯失許多大好機會。

我想傳達的是，只要翻轉思維，下一代就能更優秀，有能力成為有錢人。

很感謝幫我下定決心出書的每個人，更重要的是，我想感謝心愛的妻子智妍、2 個獨立自主的兒子史考特（Scott）與彼得（Peter），以及邁睿思資產管理的職員和我的其他家人。儘管我在各方面都有些不夠純熟，但大家依舊願意信任我，面對極大的變化也樂在其中、願意跟隨我，如果沒有各位的支持，或許我就無法完成本書。

最後我想把這本書獻給在天國的母親，我思念不已的母親一直都教導我拒絕平凡。

Part 1

成為有錢人的脫貧思維

我之所以會寫這本書，是因為讀了一篇關於韓國母親經濟知識水準的報導，內容說只有不到 20%的韓國母親了解複利概念，此一數字比孟加拉更低。

孟加拉 2015 年的 GDP 大約是 2,000 億美元，位居世界第 44 名，韓國是 1 兆 4,000 億美元，位居世界第 11 名。如果韓國家長再不振作，現在落後的國家隨時都可能會追上來，家長必須改變，才有未來。

如果想讓孩子變成有錢人、父母也能擁有不虞匱乏的養老生活，父母扮演的角色就極為重要。

第1章

學歷與工作不等於財富

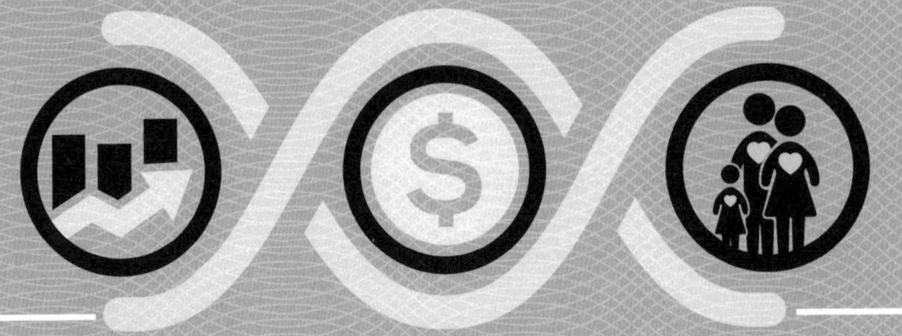

01

讓子女脫離傳統教育的框架

在美國時，有一天念小學的兒子收到學校發的通知單，令我印象非常深刻，上面寫的不是家庭作業或讀書清單，而是「作業寫不好也沒關係，請讓孩子們有充足睡眠。」

因為韓國父母極度重視教育，學校大概擔心父母會強迫小孩寫完作業才能上床睡覺，害小孩睡眠不足吧！

我很認同孩子必須有充足的睡眠。我還記得小時候都是睡飽後，就到處亂跑、開心玩耍，累了就回家睡覺，因此偶爾沒吃晚餐。越是睡得好、玩得開心的孩子，思維就越不受限。醫學研究指出，睡眠越充足，腦部才會發育，也能發揮優秀的能力。

小朋友先天對每件事都充滿好奇，總想嘗試新事物，每天都會提出疑問且樂此不疲，發現新事物時，就像被磁鐵吸引，以為是玩具，想靠近伸手摸。與朋友玩耍是在鍛鍊體力且學習共處，當小朋友的突發奇想結合知識後，就能啟發他們的創意。

不過，現在的孩子也是這樣嗎？在韓國，我看不見開心玩耍的小朋友，晴朗的午後，學校已經放學，原本該是鬧哄哄的玩耍時段，但公園的遊樂區、大街小巷都一片寂靜。那個時段孩子都去哪裡了？甚至有新聞報導，小學生早上 7 點出門後，直到深夜 12 點才結束整天的行程回家，如果孩子放學後，沒有回家也沒有到公園玩，那孩子會在哪裡？

答案可想而知，放學時間一到，補習班的接駁車就會在校門前大排長龍等待接送學生，一間補習班結束後會再前往另一間，就這樣每天進行補習班的朝聖行程。雖然我很想將此視為極少數的情況，但事實上絕大部分的孩子白天都被囚禁在水泥建築物中。**當身體受到限**

制時，思想往往也會隨之受局限，對孩子來說和地獄沒兩樣。

在補習班提前學過上課內容的學生，學校上課時都會分心做其他事或睡覺，放學後再次前往補習班，直到深夜才回家寫作業，就這樣每天重複相同模式。

對早已疲憊不堪的孩子來說，根本沒餘力關注周遭事物，也沒時間探索其他事物，在放眼望去皆是競爭者的環境下，一心只想著成為第一名，讓人無比惋惜。

一個聽不見孩童歡笑聲的社會，稱得上幸福社會嗎？那些孩子該從何處學習幸福呢？

提前學習是抹煞孩子創意的教育方式

韓國對補習充滿熱忱的主要是家庭主婦，雖然有些家庭的情況不同，但韓國補習風潮主導權在媽媽手上。

也因為韓國主婦對教育過於狂熱，因此形成了一些流行語，例如：對教育極為狂熱、住在江南洞高級區域的母親被稱為「大峙洞媽」*；誓言剷除一切阻礙孩子絆腳石的母親被稱為「鐮草媽」；精通補習資訊，帶著其他媽媽一起走訪的母親則被稱為「豬媽媽」等。

不過，這類媽媽大概也有各自複雜的隱情，看見別人的小孩在補習班待到凌晨 2 點，自己的小孩卻在家睡覺，心裡不由自主就會感到不安。

因為鄰居的小孩都去補習班，害怕自己的小孩如果不去就會輸給其他同學，必須花大筆補習費才能稍微安撫心中的不安，認為這是父母應盡的職責。

原本認為韓國補習熱潮很可笑的美國僑胞，回韓國之後卻也逐漸被同化，由此可知，周遭形成的壓力不容忽視。

---

* 位於韓國首爾江南洞地區，被視為補教業聖地，附近有大量優質學校，創造出極高補教業產值。

補習，特別是提前學習，是一種抹煞孩子創意的教育方式。學習有固定的階段，每個階段都有最適合的時期，不過，如果家長忽略學習階段，要求孩子提前學習，孩子不僅無法吸收知識、融會貫通，只會視讀書為畏途。

為了第一名而讀書、為了符合父母期待而讀書，絕對無法感到快樂。**想成為具備競爭力的成年人，就該對學習新事物感興趣，懂得自己多加思考**，但現在的教育卻把孩子關起來，剝奪了他們獨立思考的機會。

現在韓國大學聯考新增了論述考試，我考大學時並沒有，因此我很好奇有哪些主題。論述是要以有條理的方式表達自己的主張，因此可以從中知道青少年的想法，不過，了解實際狀況後，我也大失所望。

首先，考試主題實在讓人難以理解，考生解題的方式也讓我深感訝異，考生並不是在表達自己的主張，而是「學校有想要的標準答案，為了取得高分，會透過補習學習回答的訣竅。」

這論點讓我很錯愕，論述考試是要表達自己的想法，但學生竟然為了寫出大學想要的答案而去補習，這有多可悲。況且，這種教育方式對社會生活完全沒幫助。

偏重死背答案的教育模式，會從兩個方面摧毀孩子的未來，分別是思考受到局限與無法獨立。

考試滿分無法稱作優秀人才

因為天生的好奇心一直受到壓抑，只會培養出他人一樣的思維，思考受到局限。孩子早已習慣尋找既定答案，養成消極態度，當沒人給他答案時，就無法做任何事。當需要用已知的知識延伸思考時，就會選擇放棄。因為受局限的孩子除了教科書，沒接觸過其他不同情況，因此心裡根本不會想解決問題。

在美國時，我曾陪朋友一起參加他孩子的大學開學典禮，校長說了這麼一番話：「各位在學校學的知識，

4年後畢業時有50%以上都是毫無用處，因此，除了學校課程，自己去體驗與學習是很重要的。在畢業前，請與學校分享透過體驗學到的一切。」

儘管校長是學校的代表人物，他卻叮嚀學生不要受到學校教育束縛，讓我深感新奇，同時也很震撼。

不過，韓國社會卻只會稱讚放棄許多體驗，整日埋首讀書的學生。最典型的例子是大幅度報導聯考滿分的學生，所有新聞媒體都會大幅宣傳其畢業學校和讀書方式等。

美國也有和韓國聯考類似的考試，即評估大學入學能力的SAT考試，但就算有學生考取滿分，新聞媒體也不會大肆宣傳。SAT分數高，對升學只會稍微有利，對錄取與否沒有決定性影響。

反倒是如果沒有從事其他活動，只有SAT成績時，會被視為不正常，對考生很不利。因為除了讀書，有太多方面可以衡量個人競爭力。

光憑聯考滿分絕對無法稱為是優秀人才，讓世界變得更美好的人才是。想要培育這類人才，就必須反覆練習獨立思考，且必須不斷提出疑問。

死背別人給的答案是最糟糕的教育方式，**比起付出金錢與心力提前學習，讓孩子多讀一些課外書、陪孩子去旅行，對於成功會更有效果**，各式各樣的豐富經驗能讓孩子成為更具競爭力的成年人。

我們公司需要累積各種豐富經驗的人，所以不太會錄取聯考滿分的學生，因為他們極可能大部分的時間都在讀書。現在是極度強調多樣性的時代，只是成績優異不具任何意義，除非目標是成為大學教授。

家長過度保護，有損小孩的自主能力

監督孩子背書、在既定時間內依既定方式完成作業然後評分，這種教育方式根本不是在訓練孩子成長。只有在面臨問題時嘗試從多方面思考，看見一個現象時能自行判斷，這樣才會有所成長。

孩子要是從未沉浸在自己的想像世界、從未果斷冒險，成年後也無法擁有自主權，只會一味想躲進父母的保護傘。

不久前，我們公司制訂了獎學金方案，把基金賺取的部分收益，無限期借給就學中或即將入學的學生，希望日後他們成功時，也能幫助其他有困難的學生。我很期待藉此方案，遇見更多家境貧窮但十分傑出的人才。

公告一出，諮詢的電話幾乎沒停過，主要都是媽媽在述說孩子的情況，詢問是否符合申請資格。

這情況出乎意料，我頓時啞口無言，我該如何對需要透過媽媽才能規劃自身未來的孩子有所期待呢？我會對無法讓孩子自己開拓道路的媽媽，願意提供獎學金嗎？

這個方案一開始就是以缺乏資源，卻依舊不放棄夢想且孤軍奮戰的年輕人為對象，但如果連諮詢獎學金都無法自己處理，讓人如何相信能堅持努力呢？

情況演變至此，媽媽的責任比孩子更大。「你只要讀書就好，剩下的事我會處理！」這是韓國媽媽經常對孩子說的話。

孩子還小時由父母幫忙是人之常情，成年後如果還是每件事都由母親照料，那就不是好事，甚至還有媽媽會打電話去孩子公司討論工作問題。把這當作是母愛，實在大錯特錯。真正的愛應該是，讓子女親身去體驗，無論成功或失敗，都能藉由經驗獲得成長。

儘管多數人都認同韓國過熱的補習存在許多問題，但為何還是很多人趨之若鶩？許多媽媽表示：「就算自己想停止，但別人的孩子都在補習，只好讓自己的也去。」

也有媽媽說如果孩子不去補習班，就會沒朋友。但這只是牽強的狡辯，是媽媽為了安撫自己的不安，用子女當作藉口。

孩子有權利接受更具創意和愉快的教育，這才會讓孩子更接近成功之路。話雖如此，媽媽們還是不願意努力把孩子從生硬呆版的教育中救出來，反而認為在其中取得第一名才能保障安穩的生活。

這是因為媽媽們都被局限在框架中，也就無法讓孩子看看框架外的世界，媽媽們一心期望孩子出人頭地，但自己會不會反而是孩子邁向成功之路的絆腳石？媽媽們都該省思一下。

我們必須改變現有的教育模式，要停止讓孩子長成一模一樣的填鴨式教育，改往發掘與發揮各自特性與強項的方向發展。這樣的方式就是承認不同、鼓勵多元化，以及刺激發揮創意。

想達成這個目標，首先得改變媽媽的教育觀。韓國女性的金融理解指數是亞太國家中的倒數第 2 名（見圖表 1-1），媽媽們應該要拒絕現代社會扭曲的教育系統，

圖表 1-1　亞太國家，女性金融理解指數

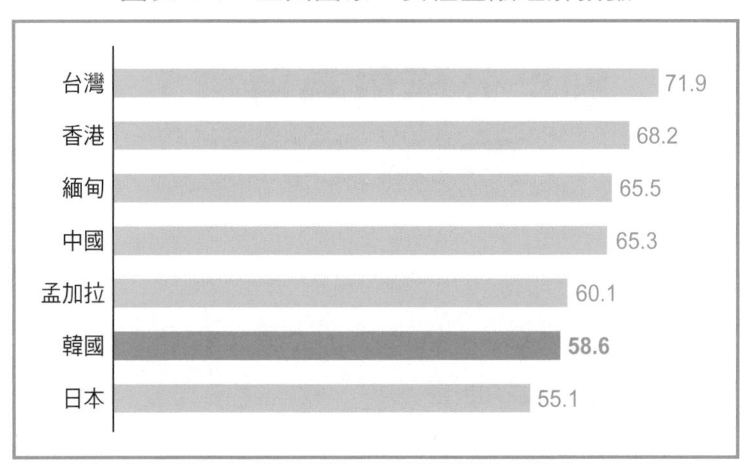

資料來源：《每日經濟》，萬事達卡，2014 年 7～8 月，調查 12,574 名對象

不可以把讀書視為唯一累積知識的途徑，忽略與同學之間的合作，盲目地把同學視為一定要戰勝的競爭對手。

媽媽們要看重的不是學校成績，而是具備能看得更遠的目光，引導子女過上更豐饒與幸福的人生。

讓孩子自由吧！利用更廣泛與多元的經驗讓孩子擁有不同於他人的思維。

02 別以公務員為目標，要成為資本家

2016 年韓國的新聞報導，當年度參加公務員考試的人數史上最多，據說參加國家九級公職招考*的人數就高達了 22 萬名。幾年前，韓國一項以小學生為對象的未來職業調查報告顯示，絕大部分受試者都想成為公務員，此一情況反映出了社會各年齡層的現實面。

12 歲的小孩會回答將來想成為公務員，大概是因為父母對孩子有這樣的期許。

隨著韓國在 10 年間分別遭遇亞洲金融風暴與金融

* 即韓國最低等的公務人員，相對於台灣的初等公務員（5 等），2022 年台灣公務人員初等考試報考人數為 22,608 人。

危機，尋找「穩定」的職場也成為社會的先決條件，補習的熱潮之所以不會停止，可以說是父母對子女能找到穩定工作的期望使然。這是因為父母相信，只要努力讀書考上好大學，日後找到收入穩定的工作，就能享有舒適的生活。

不過，成為公務員或進入大企業，真的就保證能有舒適的生活嗎？而上一代對職場與職業的期待是否符合實際情況呢？

子女面臨的世界和父母不同

這個世界的變化速度長久以來都相當緩慢，現在的成年人也一直都過著變化緩慢的生活，從二十幾年前個人電腦普及開始，就出現了各種新職業，但職業類型和父母那代沒太大差別。

因此，父母也會以相同標準去評斷子女的未來，認為只要在書桌前寫著「四當五落」[*]，熱夜讀書，日後出人頭地就能過著令人稱羨的生活。

不過，漸進式變化的時代已經結束，隨著引進「無線射頻識別」（RFID）[†]後，物流與流通領域經常出現失業者的情況也成為過去，3D 列印產業的出現也讓大量生產的時代落幕，而且逐漸走向依照個人量身訂做生產的時代。

使用無人機進行無人宅配服務、高空攝影、惡劣地形探查的活動也逐漸風行，如果自動駕駛汽車普及，未來靠開車維生的職業大概就會消失不見。

2016 年世界經濟論壇以第四次工業革命為主題進行探討，關鍵話題之一就是人工智慧，分析報告指出，往後 5 年內，全球會有 500 萬個工作機會因為人工智慧而消失。

---

* 意指學生若每天只睡 4 小時，方能考上好大學，但要是睡滿 5 小時，就只能名落孫山。

† 一種無線通訊技術，可以用無線電波進行雙向傳輸資料。

例如，震驚世界的知名棋士李世乭與人工智慧系統 AlphaGo 的棋盤對決，雖然我們一直認為人類在圍棋領域占有絕對優勢，不過，隨著人工智慧取得優勝，「人工智慧真可怕」之類的關鍵字也成為熱門搜尋字。

甚至連法官、檢察官、醫生等長久以來被視為最棒的職業，也有被人工智慧取代的疑慮，目前已經有些產業實際套用人工智慧，甚至有用人工智慧撰寫小說，雖然還不能像人類一樣構思故事、設定劇情的水準，但也距離不遠了。

簡單來說，未來 10 年、20 年後，世界將遠遠超乎我們想像。

面對急遽變化的世界，「努力讀書找到好工作」的建議對子女還有幫助嗎？

上一代首先該做的，不就是承認自己無法再給予子女就業建議嗎？如果只是期望子女能混口飯吃就另當別論，但**如果是希望子女能有更美好的生活，那就承認努**

力讀書未必能找到好工作。

只要承認這一點，就會明白盲目埋頭苦讀多麼毫無意義，因為藉由讀書尋求可能性、只看成績的時期早已過去。我們必須掌握變化帶來的各種機會，而跳脫舊思維前往外面世界是首要之務。

名校學歷不再是高薪保障

我身邊的有錢人幾乎很少出身名校，名校畢業的人不太可能對新的社會或變化抱持積極態度，因為無法放棄成見、敞開心胸。但學歷不漂亮的人就沒這方面的問題，隨時都能接受新事物，所以成為有錢人的機率更高。

因為想變成有錢人，就該擁有與他人不同的思維，且懂得掌握不一樣的機會。

根據一項有趣的統計指出，在景氣嚴重低迷的

1990年代，美國有許多人都被公司解雇，其中超過80%都說再也不要回職場，因為離開公司後，才發現外面充滿許多機會。我看過該文章後，也偶然發現了另一條路。

我踏入社會的第一項工作是執業會計師（Certified Public Accountant, CPA），而且任職於許多人羨慕、全世界規模最大的會計事務所，我非常認真踏實的工作，希望成為合夥人，成為合夥人等同晉升為一般企業的管理階層。為了成為合夥人，我放手一搏，而且努力累積社會經驗。

不過，1980年代末期，隨著美國經濟變差，上班族也開始對解雇心懷不滿，那是各行各業都對「粉紅紙條」（Pink slip）*深感恐懼的時期。為了戰勝此一恐懼，我摸索了新方法，後來便踏上新旅程，成為基金經理人。

現在仔細回想，我的運氣真的很不錯，成為基金經

* 指解雇通知。

理人後，我也終於明白不是只靠勞力才能賺錢，利用自身資本也能賺錢。另外，我也領悟在資本主義社會中，是由資本家賺錢的事實。

如果沒有經歷前面的危機，除了成為合夥人，我大概不會去思考還有哪些路好走。

現在青年失業的問題，比我求職那時還嚴重，不只韓國如此，全世界都一樣，而且往後勢必日益嚴重，因為就算景氣好轉，未來的趨勢都是用機器或自動化取代人力，藉此節省成本。

年輕人如果就業失敗，就會陷入人生失敗的絕望感中，特別是韓國父母給青年的壓力不小，通常都會質疑自己辛苦給予孩子照顧和支援，但為何他們還是無法順利就業。

不過，我們應該要懂得逆向思考，把未能順利就業視為契機，雖然漂泊不定沒有穩定工作，但卻有機會比他人更早探索創業的可能性。

或許當下會羨慕任職於大公司的人，但我反而擔心那些人，30 ～ 39 歲的韓國人平均工作年資是 10 年，之後也要尋找屬於自己的路。因為長時間待在相同組織裡，未能發現其他機會，久而久之就不會有為了自己而工作的想法。

想成為真正的有錢人，就不該成為上班族，而是該研究成為資本家的方法。

成為資本家就等於是替自己工作，不管是成為自營商或創立公司，都是自己做主，具備可擴展性。生意好、賺錢時，扣除支出後其餘收入都屬於自己，上班族的收入缺乏可擴展性，就算公司營運都很順利，薪水也不會因此增加。

話雖如此，如果要求你立刻去創業，或許會被認為我太不負責任。目前所處的環境或許會讓人無法鼓起勇氣；或是因為年紀大了，要找到其他出路並非易事。

不過，至少你的子女可以不一樣吧？我們應該讓子女明白就業並非唯一選項，讓他們知道世界上存在各種機會，就算就業了、就算選擇與金融無關的職業，也要時時刻刻關注金融資訊。

累積財富的兩大方法

生存在資本主義社會，累積財富的方法有兩種：

1. 付出勞力。

2. 利用資本。

一直以來，只要提到「賺錢」，我們只會想到付出勞動獲得酬勞，不過如果這段期間，我也能讓手中擁有的資本替自己工作，就能提前成為有錢人的日子。

擁有企業或股票這類賺錢工具的人都稱為資本家，在資本主義中，只有資本家能成為有錢人，除了擁有特殊證照的人，能利用其他方法成為有錢人的，可說少之又少。

尤其主要收入是月薪的人，上班族要成為有錢人的機率幾乎微乎其微，甚至絕大部分都屬於貧窮階級。

這是因為隨著年紀越大，支出也會增加，物價上漲的速度往往都超過調薪速度*。這種情況不只發生在韓國，連我生活35年之久的美國也是。

儘管情況如此，韓國家長依然一心一意想把子女培養成上班族，首要目標是希望子女成績優異考上好大學，畢業後成為公務員或進入大企業。

如果無法如願達成首要目標，退而求其次進入中小企業也不錯，因為家長認為創業風險高，因此通常都會竭盡所能阻止子女創業。

令人遺憾的是，在目前的經濟環境中，這類觀念與成功背道而馳，因為成績優異和賺大錢沒任何關係，學

* 台灣111年5月消費者物價指數（CPI）年增率漲3.39%，4月為3.38%。

歷漂亮、任職於好公司成為優秀員工都和成為有錢人毫不相干。

如果不改變現在的教育方式，你的孩子往後大概很難成功。

我的意思不是想成為有錢人就不該就讀名校，而是不要以讀名校就保證能進大公司的態度教導孩子，**父母應該反對把孩子培養成平凡上班族的教育方式，而是致力於塑造具創意性的有錢人的教育方式**。

倘若子女也接受和父母差不多的教育模式，在急遽變化的社會中會被淘汰，最後過著貧窮生活。

未來取得成功的關鍵在於是否有創新的想法並果斷實踐，以靈活的思維應對變化。

父母必須選擇是執著於跟不上世界腳步的老舊信念，把子女培養成只求穩定的上班族？還是累積教科書以外的經驗，在資本主義的體制中以最有效的方式成為有錢人？

03

理財教育越早開始越好

我認識一位目前已經退休的公務員，他當初錄取後、分發前的空閒時間去補習班授課。他現在持有的唯一財產是一間公寓，那是他用授課半年的薪水買的，後來當了一輩子公務員，卻沒能存下任何積蓄。

當年他一度成為最受歡迎的講師，補習班也試圖挽留，但最後他還是選擇當個公務員。當時他為何沒想要留在補習班呢？如果他選擇繼續當講師，說不定早就成為有錢人？

跟他聊完後，我曾想過如果他當時沒選擇當公務員，而是當補習班講師，會有什麼不同？我想他父母大概會強烈反對，說不定媽媽會因此不開心而病倒，甚至質疑好不容易通過困難的公務員考試，最後卻只是去當補習班講師。

讓人百思不解的是，韓國父母往往都有一種傾向，就是教導子女要遠離金錢，要討厭富有的孬夫，美化讓孩子餓肚子的興夫，*認為談錢是有失品格的行為。

明明生存在資本主義社會中，卻教孩子要迴避資本主義，是因為相信只要成績優秀，金錢自然就會流入口袋嗎？努力讀書找到好工作就保證能成功，這樣的想法未免太安逸了吧？

不過，想成為有錢人卻鄙視金錢，這樣合理嗎？我們需要更坦白一點，**財富在我們的生命中並不代表一切，但如果擁有龐大的財富，能做的事當然也就更多**。不僅能提升生活品質，也能為社會做出貢獻，讓世界變得更美好。

---

* 孬夫與興夫出自韓國無人不知的民間傳說《興夫和孬夫》（흥부와 놀부），孬夫指見錢眼開、四處搧風點火的哥哥，興夫指善良乖巧的弟弟，父母離世後因財產都被哥哥孬夫霸占而為生活溫飽苦惱。

想成為成績優秀的人，還是有錢人？

我成為邁睿思資產管理公司執行長後沒多久，收到某所女子高中的演講邀約，雖然我很爽快就答應了，但卻對演講內容有點傷腦筋。演講當天我抵達學校後，老師們事先暗示，多數學生應該都因為昨天補習太過疲倦，不會踴躍發問，希望我別太在意。

聽到那番話後，原本已經傷腦筋的我頓時覺得內心更沉重，這種不正常的教育系統會讓孩子的競爭力退化，阻礙他們的創意，同時嚴重摧毀韓國未來的競爭力。

韓國父母教育孩子的方式只想把孩子局限在韓國，就算在小學校拿到第一名又怎麼樣呢？

本應該成為國際級的領導者和其他國家的人才競爭，結果一心只想著和眼前的同學比較分數，目光未免太短淺了？

學測取得高分，對孩子往後的社會生活沒有任何幫助，也不是和賺錢成正比，如果父母想向朋友炫耀就另當別論。

於是我決心要和學生好好談談這類想法。

我依照老師的指示走進教室後，發現果然和老師說的一樣，完全感受不到女校該有的朝氣蓬勃。她們明明正值應該有各種體驗和樂趣的年紀，但過著在補習班飽受折磨、到學校卻在睡覺的日子，讓人不禁心痛。

我冷不防提出一個問題：「各位想成為成績優秀的人，還是有錢人？」

學生都回答想成為有錢人，這是孩子真實的想法，同時也是許多成年人內心真正的想法。明明很多人都對成為有錢人感興趣，但像這樣光明正大把它當主題討論的場合卻很少見，更何況是學生，就算從來都沒人提起，也不會覺得奇怪。

總之，聽見我這個出乎意料的提問後，原本一臉漠不關心的學生都紛紛把視線轉移到我身上。

我請她們試著思考自己身邊的有錢人是怎樣的人，我說大部分都不是成績優秀的人，所以**成為有錢人和成績沒有太大關係，如果喜歡讀書，就努力用功，但如果覺得吃力難熬，就去尋找其他有興趣的事**，就算成績差一點，也不會成為日後的阻礙。

在場的同學一臉懵懂，似乎分不清楚我是認真還是開玩笑的，大概是因為第一次有長輩對她們說就算不讀書也無妨。

一時間有些迷茫的同學開始認真聽我說話了。

「聽說有很多同學放學後還去補習或上家教，長達好幾個小時，沒錯吧？」

幾乎大部分同學都點頭，還有幾人說：「真的很不想去。」

我提出自己一貫的主張說：「沒有什麼事會比把錢

花在補習上更浪費！」並叫她們當天回家就請父母把補習費拿去買股票。

投資股票其實也有高度的教育效果，因為透過股票能學習其他國家的哲學，如果想了解美國或中國，購買該國的股票會比透過書本學習更具效果。政治、經濟與文化會反映在股價上，調查欲投資的企業時，自然就會在過程中吸收到關於該國的資訊。

當這群學生準備踏入社會時，投資差不多就會有成效，擁有一筆資金。屆時也能思考利用那筆錢創業的方法，未來能選擇的出路也更多。

同學們的反應非常激動，還有人說一定要把這句話告訴父母，大家都爭先恐後提出問題，沒有任何學生打瞌睡或分心做其他事，一個小時根本不夠用。

儘管時間不足，但我們很盡興地談論了讀書、金錢和有錢人，孩子們炯炯有神的眼神讓我相當感動，我也從中看見了韓國的希望。

從小培養金錢觀，了解錢的重要

我二十多歲時，曾有一個與金錢相關的重要體驗，那是我從延世大學退學，前往美國時發生的事。

我的大姊非常有錢，住在電影中常見的有游泳池與網球場的豪宅，也因為這樣，我本以為自己去美國時，姊姊理所當然會幫我付學費。

當我帶著大學錄取通知單去找姊姊時，她的反應讓我相當錯愕。

「你拿錄取通知單給我做什麼？」她說。

剛從韓國遠渡而來的我和長期住在美國的姊姊，我們的思考模式可說南轅北轍，她認為自己願意幫初次來美國的弟弟支付機票錢，已經算仁至義盡了，怎麼可能再幫我付學費。

這件事讓我頓時恍然大悟，在美國的思維模式中，兄弟姊妹是有錢人、父母是有錢人都與自己無關。

在韓國，如果父母生病，子女就該負起金錢上的責任，但在美國則不一樣，孩子從小就被教導，子女過了某個時期後，在金錢方面就開始獨立，而我直到前往美國才知道。

起初雖然會覺得難過，但後來我非常感激，如果姊姊沒教我，我大概就無法深刻體會經濟獨立的重要。

美國的孩子從小就會培養金錢觀，舉例來說，幫忙擦皮鞋或照顧鄰居的小孩就能賺零用錢。**這類經驗讓金錢觀不會只停留在抽象概念，也會讓孩子明白金錢在現實生活中是很嚴肅的問題**。

就像是踢足球時要學會控球技術，我們在現實世界要學會理財，培養具創意性的金錢觀。

有許多猶太人都是有錢人，他們傳授子女的金錢觀教育方式也是以嚴格聞名，《塔木德》（*Talmud*）是和韓國《明心寶鑑》一樣悠久的箴言集，許多內容都與金錢息息相關。

我居住的社區也有一名猶太人富翁，從他身上我就能知道猶太人如何實踐「給孩子魚吃，不如教他釣魚」這句名言。

那名富翁有個幼兒，小朋友非常想要一個玩具，於是很努力存錢，終於存到能買玩具的錢時，便和媽媽一起去玩具店。不過，後來小朋友沒買到玩具空手回家，為什麼？

答案在於稅金！原來小朋友沒考慮到稅金，雖然媽媽就在旁邊，但她沒幫兒子付稅金，結果小朋友一直到多存夠稅金才去買玩具。

那個孩子應該藉由此一經驗完全學會了稅金的概念，懂得自己存錢買玩具的孩子真的很乖巧懂事，更重要的是，媽媽為了培養孩子金錢觀，選擇不要直接買給孩子，這真是一個睿智方法。

我們必須從小教導孩子正確的金錢觀，一般來說，孩子想買的物品和要求的事，父母無論如何都會答應，因為不希望孩子因為金錢問題而自卑。

父母盡養育職責值得嘉許，但若太過溺愛子女，反而會造成不良影響。我們應該給孩子機會累積金錢經驗並從中學習。

在「茶來伸手，飯來張口」環境下長大的孩子，不會懂金錢的重要性，也不會思考如何賺錢，只會墨守成規，時間久了，自然缺乏競爭力、被社會淘汰。

具創意的金錢觀不是閱讀經濟教科書就能輕易學會，如果不知道從何開始，就把淘汰的玩具帶去社區的義賣會，讓孩子體會販售物品的過程，這樣才能培養孩子的金錢觀。

千萬不能把談論金錢視為是羞愧或沒水準的事，你希望子女成為只會伸手討魚吃的被動者，還是懂得捕魚的主動者？兩者哪個成功機率較高？答案不言自明。

04 跳脫財富階級，打造致富 DNA

當我們想完成某件事時，最簡單的方法就是找出成功者且學習對方，想成為有錢人時也一樣。

如果想培養子女成為有錢人，就該實際找出有錢人，研究他們成為有錢人的方法並仿效。

韓國也有很多世界級的有錢人，《富比士》（*Forbes*）2015 年統計的前一千名世界富豪中，有 13 名是韓國人。

不過，儘管許多人想成為有錢人，韓國社會依然對有錢人存在負面看法。這種看法不單純是猜忌或忌妒使然，而是因為利用不當手段累積財富的人實在太多了，再加上因繼承龐大財富才成為有錢人的情況也很多。

實際上，韓國許多有錢人都是創業者的第二代或第三代，因為爺爺是有錢人，爸爸才變有錢人，因為爸爸是有錢人，兒子才變有錢人。

這類財富傳承甚至引發「金湯匙與土湯匙」*的論戰，對社會造成負面影響，明明渴望成為有錢人，卻沒效仿的榜樣，實在令人惋惜。

相較之下，在美國擁有越多財富就越受尊敬，一般人也很喜歡談論有錢人的事，認真傾聽當事人為此所付出的努力、在該過程中犯下的錯誤、讓世界變得更便利與美好的創意等。

另外，美國人也極度關注有錢人如何運用金錢，也有許多有錢人會把財富回饋社會，創立財團幫助世界各地的貧窮者，以及支持醫學與科學領域的需要。

---

* 即所謂的家世貧（土湯匙）富（金湯匙）的階級區分。

美國大學的圖書館大部分是以某個人的名字命名，而且以猶太人居多，這是因為努力一輩子累積財富的猶太人，離世時把遺產留給後代的關係。猶太人會教導子女成為有錢人，同時也不忘記傳授他們妥善運用金錢的道理。

舉個例子，2016 年 3 月有新聞報導指出，紐約前 1 %的富豪向州議會請願提高自己的稅額，那並不是為了博得大眾好感隨便說說，而是富豪在配合改訂所得稅率時期適時提出的要求。

請願團表示：「有錢人對自己享有的許多優惠表示感激，為了盡相關責任，願意支付更多稅金。」

美國的「有錢人」包含一般人對有錢人期待的品性與處事哲學，就結論來說，有錢人的定義不會僅止於「錢很多的人」，我所說的富有亦是如此。

我希望你能學習真正的富有，也就是包含準確策略與哲學，並懂得回饋社會。

有錢人的DNA可以靠後天培養

韓國真的沒值得當學習對象的有錢人嗎？不是的，光我身邊就有很多憑藉良好處事哲學與創意成為有錢人的實例。

有一次，我遇見公司競爭對手的企業高層，我和這個事業有成的年輕人聊天後，才發現一個驚人事實，他說從小就很好奇為何朋友的爸爸是有錢人，自己的爸爸卻很窮。

最後得到的結論是，朋友的爸爸有生產工具，自己的爸爸沒有。

換言之，朋友的爸爸擁有能製造商品的工廠與機械，自己的爸爸則是在工廠工作的人。因此，他從未打算當上班族，而是要成為擁有生產工具的人。

就如前文提過的，擁有生產工具的方法有兩種，一個是創業直接成為資本家，另一個是購買企業的股票間接成為資本家。他選擇了後者，因為他具備卓越的天分，能讓資產替自己賺錢。

我非常好奇年輕人如何憑藉自己的力量獲得這樣的領悟，因為社會上還是以考上名校、進入大企業為主流，不想成為上班族的人少之又少。

我認為，他是自我啟發有錢人 DNA 的人，**雖然決定頭髮、瞳孔顏色、臉型大小的 DNA 是天生的，但有錢人 DNA 可透過各種經驗由後天培養**。他藉由後天自我啟發，找到從資本主義中成為有錢人的捷徑。

我見過的美國僑胞中，成為富豪的人幾乎都不是醫生或律師，反而是家庭環境不佳、未能接受良好教育的人居多，或是被公司解雇、經濟一度瀕臨絕境的人。

想自己開創事業、掌握人生主導權，啟發有錢人 DNA 的人，最終才能獲得成功。

成為資本家是變有錢的捷徑

韓國年輕人非常需要有錢人 DNA，我遇見年輕人時，都會叫對方不要執著於上班，有機會就試著創業。我還會建議他們如果有任何創意就離開公司，或許父母聽見這番話後，會認為這是毫不負責任的發言。

父母想讓子女擁有穩定的生活，費盡心思好不容易讓他們進入企業上班，結果我卻慫恿他們離職。創業的資金又要從哪來？如果不幸倒閉我要負責嗎？不過，像我這樣的思維在資本主義社會中，其實更合乎常理。

創業一直都存在著倒閉的風險，不過一般人都會過度誇飾。難道上班沒任何風險嗎？上班是為他人工作，必須在他人面前好好表現才不會被解雇，如果把為別人工作的心力用在自己身上，創業其實就沒想像中那麼危險。

我們必須學習為自己工作，就算是在公司上班，也要一直思考創業的可能性，因為如同我再三強調的，我們生活在資本主義社會，擁有生產工具是成為有錢人最快的捷徑。

不過，現實中並非所有人都能創業，不是強迫就一定能成功，畢竟每個人的能力不同。有人因為在喜歡的領域工作而滿足，也有人完全沒有創業的點子。那有不創業就能成為資本家的方法嗎？**只要成為間接資本家就行了，也就是買股票。**

投資股票就等於成為企業的股東，舉例來說，我買了韓國三星和美國蘋果（Apple Inc.）的股票，就等於是該企業的職員為我工作，雖然我實際上沒有在該企業工作，卻能擁有該企業獲得的成果。

這樣就算是上班族，也有希望成為有錢人，就算不離職也能成為資本家，這個方法不是讓人很心動嗎？

不需要刻意等到成年，從小就開始投資股票，成為有錢人的機率就越高。再加上投資股票和不動產不同，小額就能開始投資，把父母給的零用錢存起來也能投資股票，這就是投資股票的優點。懂得成為資本家、用錢幫你賺錢，比學校的任何教育都更重要。

家長也應該協助子女明白此一道理，從小就買股票給子女，製造能一起談論投資的機會，讓孩子能自然養成有錢人 DNA 吧！**光是努力付出勞力並不能成為有錢人，必須明白用資金幫你賺錢才能成為有錢人，簡單來說，就是應該學會錢滾錢的原理。**

第 2 章

養老比養兒更重要

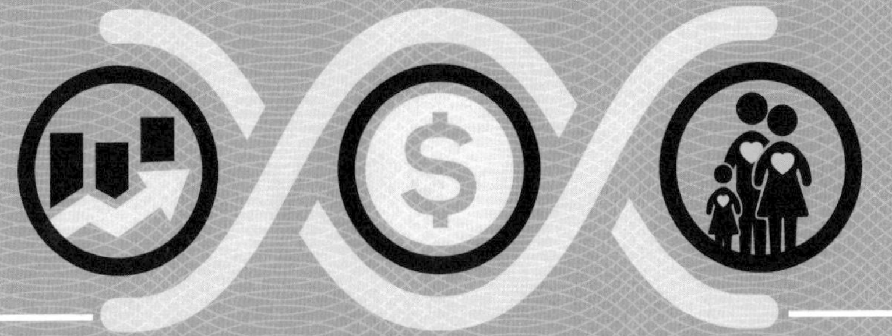

05

你在創造財富，還是破壞財富？

我回到韓國後，我發現許多人都在努力讓自己變窮，太多人為了讓自己看起來像有錢人而變窮，我對這個現象感到非常訝異。

我不清楚昂貴的名牌包和名牌服飾是否能讓人看起來像有錢人，但實際上是和有錢人之路漸行漸遠，因為這樣的行為等於在破壞自己的財富。

假裝是有錢人，只會離財富越來越遠

這種行為特別能從開車看出來，雖然我回韓國已經 2 年，但至今還沒買車，不是因為沒錢，而是沒有需要。明明就不是必需品，我為什麼要刻意破壞自己的財富呢？

韓國和美國不一樣，首爾的大眾運輸非常發達，因此不需要自己開車。只要滑手機就能輕易知道捷運或公車路線，公車站也有螢幕告知車班抵達時間，首爾大眾運輸的規劃相當完善。

買車會讓自己的財富瞬間減少，交車後車子開始折舊，不僅最終變成中古車，也會一直有稅金、油錢、保險費等不少費用支出。仔細想想，因為買車導致支出增加的情況比比皆是。

股神華倫・巴菲特（Warren Buffett）是世界首屈一指的富豪，儘管如此，眾所皆知他還是開著舊車。這樣的差異也造就了巴菲特的富裕，以及許多人的貧窮。對他來說開昂貴的名車炫耀不是人生重要的事。

財富創造者與財富破壞者的生活方式存在根本上的

差異，無論購買昂貴或便宜的車，目的同樣都是從一處移動至另一處，因此根本沒必要刻意花大錢。

再加上技術日新月異，就算是便宜的低階車款也具備多種功能，雖然還是有許多人刻意購買名車，但背後的心理只是想讓他人稱羡而已。

開車去百貨公司購物也是不必要的支出習慣。知名百貨公司前，每天都有大排長龍的車潮，如果停車場車位全滿，就得在外面等 1 小時以上。進去百貨公司花 1 小時、購物花 1 小時、離開時花 1 小時才終於把車開出來。

韓國是外送天堂，每間百貨公司都有提供送貨到府的服務，而且大部分百貨公司旁就有捷運站，只要稍微走一下，就能避免塞車造成的困擾，相對也節省時間，從各方面來說都較有利，但還是有許多人執意要開車。

改掉浪費的習慣，把省下的錢拿去投資

我擔心年輕人的生活模式也受到這種影響，毫無顧忌地買咖啡、昂貴化妝品、名牌包與進口車，然後每個月都為了繳分期付款所苦。

在餐廳用餐後，大家都裝模作樣搶著要付錢請客，完全不把 5 萬韓元（約新台幣 1,250 元）、10 萬韓元（約新台幣 2,500 元）放在眼裡。

據說有許多年輕人都認定自己無法成為有錢人，於是存有「乾脆趁年輕盡情花錢享受」的想法。

我聽見這樣的情況後，不禁感到惋惜，因為事實絕非如此，**就算僅僅改掉浪費的習慣，還是有機會成為有錢人，只要把省下的錢用來投資就行了。**

舉例來說，假設連續 20 年每天都把買咖啡的 1 萬韓元（約新台幣 250 元）轉而投資三星電子，大概能創造出 10 億韓元（約新台幣 2,500 萬元）的資產。

只是省下買咖啡的錢就能創造出如此驚人的結果，那把其他不必要的支出拿來投資時，獲利會有多麼可觀呢？

實際上，如果50年前拿出100萬韓元（約新台幣2.5萬元）來投資巴菲特經營的波克夏·海瑟威（Berkshire Hathaway），現在大概就會有180億韓元（約新台幣4.5億元）。

換句話說，就是要**減少不必要的支出，更進一步是必須把部分收入用來累積財富**。如果身邊的人喝咖啡，你就投資生產咖啡的公司吧！或許現在你會羨慕他人，但退休時就會變成他人羨慕你。

這個世界上有兩種人，創造財富與破壞財富的人，減少不必要的支出，把努力工作賺來的錢用來投資的人就屬於前者；反之，開銷大於收入的屬於後者。

這是理所當然無須解釋的，而且與老年生活有直接關係，前者完美準備養老生活，可從容享受晚年；後者一旦無法賺錢，就會過著勉強維生的貧窮生活。

或許有人會把「養老」視為很遙遠的事，但無論遠近，都一定會面臨。你想成為財富創造者或破壞者呢？

06 平均壽命增加，更要重視人生下半場

相信每個人都曾有過「我會活到幾歲？」的疑問，你如果是女性就有機會活到 87 歲，如果是男性就是 82 歲。這是平均數值，但依照個人條件不同也會有差異，由於預期壽命持續增加，每年都會稍微改變。

這個數值出自 2015 年韓國統計廳，資料指出，韓國平均壽命從 1970 年到 2015 年連續 45 年間，從原本 62 歲變 84 歲，* 等於是每 2 年平均壽命就增加 1 年，平均壽命 100 歲的時代似乎就在不遠的未來。

---

* 據台灣內政部 2021 年發布的統計，2020 年台灣人口平均壽命都為 81.3 歲，男性為 78.1 歲，女性為 84.7 歲。

老年人口的貧窮現況加劇

有人說近來就算去社區涼亭跟鄰居聚會，六十多歲的人也會被當作老么且負責打雜跑腿，長壽從古代開始就被視為是五福*中的第一順位，因此壽命增加對我們來說是一項好消息。

不過，此一事實對許多長輩來說卻不算是開心的消息，生活沒問題、健康也無恙的人才會樂見 100 歲的人生，反之，對生活貧窮且飽受病痛所苦的人來說，可能和煉獄一樣。

此說法正確，我們不能只站在長壽的觀點評估自己要活到幾歲，而是該改變整個人生規劃。

以前一般是 60 ～ 65 歲左右退休享受天倫之樂，由子女撫養安享晚年，當時平均壽命是 70 ～ 75 歲，退休

---

* 出自《書經．洪範》：「一曰壽、二曰富、三曰康寧、四曰攸好德、五曰考終命。」

後約有 10 年的餘命。

不過，由於 2010 年中期過後的平均壽命增加，一般人的養老生活至少增加了 2 倍的時間，退休規劃專家說現代人必須規劃 40 年的養老生活。

即便如此，還是有很多人根本不關心養老生活，一副船到橋頭自然直的態度，因為他們認為父母那一代就算沒刻意準備養老生活，生活也沒大問題。

但我認為這種**安逸的想法絕對是造成老年人口貧窮的因素之一**。

韓國的老年人口的生活特徵有三個第一名：貧窮率（見圖表 2-1）、經濟活動人口數、自殺率，韓國明明是「經濟合作暨發展組織」（OECD）的一員，但不好的項目卻全都拿下第一名。

這三個項目全都關係密切，因為貧窮才必須從事經濟活動，因為工作還是無法解決生計問題，所以自殺率才會升高。

再加上全世界的經濟呈現緩慢成長趨勢，不僅造成工作機會減少，老一代也必須與年輕人競爭搶工作。競爭力較差的老年人口逼不得已只能從事保全或清潔人員等粗重工作。

圖表 2-1　各國 65 歲以上老人貧窮率
（以 2011 年為標準）

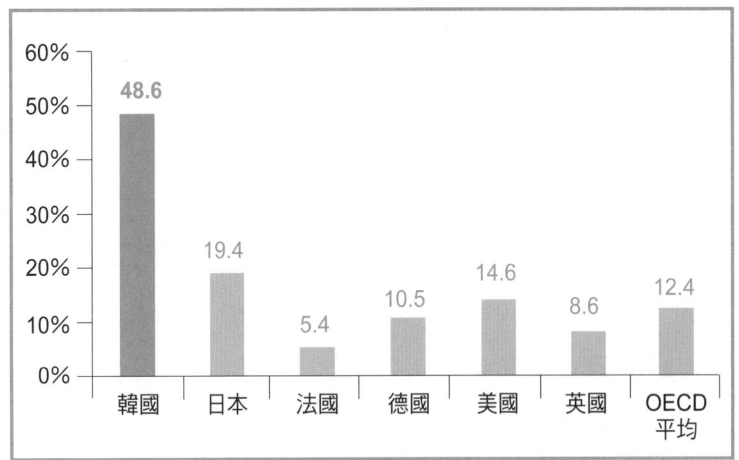

資料來源：韓國企劃財政部 ‧ OECD，2015 年韓國勞動研究院〈勞動評論（2015）〉

別把養老金拿去讓小孩補習

1950 年以前出生、目前七十幾歲的老年人，實際上也是韓國產業發展的主要人口，相較現今，那時是相對勤奮工作且賺很多錢的世代。不過，這個世代在退休後還得工作 11 年以上才能維生。

韓國就業機會多、大眾也努力工作，會發生這類現象讓人難以置信，明明以驚人的經濟成長速度，躍升為先進國家行列，為何國民生活如此艱困？

我認識一名年長者，他的工作是在捷運站從事銀髮宅配[*]，雖然每個月連 100 萬韓元（約新台幣 2.5 萬元）都很難賺到，但能免費搭捷運，可以說是不需要任何本錢或支出的工作。

他說自己年輕時在一間規模不小的公司任職，用每個月的薪水養 2 個兒子，過著平淡生活。不過，在快

---

* 搭捷運至捷運周邊配送。

50 歲時遇到了亞洲金融風暴，公司重組時被裁員。

因為他一直以來都是上班族，從未思考過創業，剛開始他為了再次就業而孤軍奮戰，但處境相似的人實在太多了，再加上自己沒有任何優勢，最後用資遣費開了一間炸雞店。

當時韓國到處都有炸雞店，聽到這裡我就猜到結果了，他不但賠光資遣費，甚至還負債，炸雞店撐不到 2 年就倒閉了。

後來，他陸續擔任工廠的約聘人員、公司保全等，然後才開始銀髮宅配工作，目前領有國民年金，生活勉強過得去。

這是韓國上一世代很常見的人生故事，不過有件事卻讓我很疑惑，老先生很滿足地說：「儘管生活困苦，我還是讓 2 個孩子接受了不輸他人的教育」。換言之，明明夫妻倆都辛苦工作賺錢，還是持續讓兒子都去補習。

有一位保母說自己工作不是為了存養老金，而是為了賺孩子的補習費。那番話實在讓我感嘆，她該不會誤以為子女往後會負責父母的老年生活吧？

不只他們說出這種話，我還經常聽見：「不管我多窮，也不能苦到孩子。」這是連西方人都會羨慕的東方文化。我父母也是以這樣的奉獻撫養我長大，我一直都心懷感恩。

但我覺得奇怪的是，父母的行為早已超越單純對於孩子的愛，甚至認為自己必須連孩子的人生也一併負責甚至有時會把孩子視為另一個自己，一舉一動都想操控。

明明家境不好，放學後卻還要花大錢去知名補習班，請猜題超準的名師上課，真是令人匪夷所思。不會著重闡述自己的主張，而是牢記別人的想法答題，這就是韓國考試制度下的附屬品。

總而言之，有些父母會透過孩子去實現自己未能達成的目標，所以才會將一切投注在孩子的教育上，認為勒緊褲帶供應孩子相當值得驕傲。如果告訴這類父母，規劃他們自己的養老生活才更重要，可能會被認為很自私。

不過，結果如何呢？本以為子女只要在班上拿下第一名，人生就會非常順遂，結果年近三十卻還一直在準備考試，或者早已就業，但薪水少得可憐，根本就難以自立，父母卻因為把養老金全用在子女的補習費，導致晚年還必須到處找工作，不是嗎？

如果不想讓長壽成為災難，就必須在有收入時做好準備。90%韓國家庭的經濟大權都掌握在媽媽手中，因此養老規劃應該由媽媽準備。

以前只要家中 6 個兄妹其中 1 個人成功，就能讓全家過好日子，也不需要擔憂養老生活，但是那種時代已經是過去式。

家境不好還是能靠讀書翻身的例子已不多見，**比起**

照顧子女，父母應該以準備自己的養老生活為優先，畢竟自己的人生也很重要。

沉且子女比你更健康，擁有的機會也更多，如果不想年老後向孩子伸手要錢，就該趁現在準備，這是父母應該有的權利。

07 用投資補足退休金的缺口

根據韓國統計廳與教育部的共同調查，2015 年補習費總額逼近 18 兆韓元（約新台幣 4,500 億元），韓國開發研究院（KDI）再次分析的結果顯示，補習費早已遠遠超過 30 兆韓元（約新台幣 7,500 億元）。明明就有公立教育，個人額外負擔的年度教育費卻高達數十兆韓元。

不管補習費的規模是數十兆或數百兆，如果是經濟寬裕下支付，當然能理解，但問題是情況正好相反。韓國甚至出現了新名詞「教育窮」（Edu Poor）*，由此可清楚看出補習費對家庭生計造成的壓力。

---

* 指家庭支出多半投入教育，造成經濟入不敷出。

「教育窮」指因教育費而成的貧窮階層，這類人有負債、入不敷出、教育費支出高於平均值，在韓國高達近 100 萬戶，對國家經濟形成龐大負擔。

補習費是代價最大也最不值得的支出

補習不是僅限國小、國中與高中的學生，近來大學生、待業，以及上班族的補習風氣也逐漸盛行，主要是外語、證照、電腦、職務相關課程等領域。

根據韓國銀行的資料，2015 年以留學、進修為目的支出金額超過 4 兆韓元（約新台幣 1,000 億元），韓國線上求職網站 Saramin 的調查指出，2016 年初，待業者平均支付的補習費是 358 萬韓元（約新台幣 8.95 萬元）。

大學生、大學畢業後，甚至是成為上班族後，依然要支付補習費的理由是什麼？當然是因為競爭力低。

因為思維都被局限在補習班與教科書，結果變成了無新意、完全找不到過人之處的成年人。

父母為了子女成功不惜放棄自己的幸福，付出努力竟然反而造成這樣的結果，站在他們的立場來看，這有多麼令人灰心喪志。

我認為，補習費是代價最大與最不值得的開銷，補習只是為了追上他人腳步或想要凌駕他人，**與其說去補習是為了加強培育自己的特質，不如說是為了與他人比較時能勝出，這樣的教育模式只會讓子女離有錢人之路越來越遠**。

但很諷刺的是，補習費不就是「為了成為有錢人」而撒出去的錢嗎？

過去的事就算後悔也沒任何意義，重要的是思考自己現在能為子女的未來做什麼。

目前韓國的經濟與社會問題，預計在下一世代會更加惡化，如果以安逸的態度面對環境變化，就算子女接受高等教育，終究還是會淪落為中低收入戶。

貧富差距會更嚴重，兩極化的情況勢必也會越演越烈，下一代面對的未來與我們所知的世界截然不同。

未來將會是一個高齡化、人口減少，以及通貨緊縮比通貨膨脹更令人擔心的時代，**如果想在新時代生存，就必須有不同於一般人的思維**。

熱中教育並非壞事，問題在於著重的目標，真心喜歡讀書的小孩只要培育成學者就行了，如果不喜歡，就沒必要強迫讀書。因為學歷已無法保障高薪，累積各式各樣的經驗，成為有錢人的機率遠高於讀書，最重要的是從小開始累積資本家經驗。

我們必須讓子女明白利用資本創造出利益的喜悅，遠遠勝過消費帶來的喜悅，明白此一道理的最好方法是投資股票，因為它能讓我們清楚知道。節省毫無意義的開銷，如何變成創造未來收入的來源。

養兒與養老有共同的準備方法

我曾問友人孩子每個月的補習費多少，對方回答約 150 萬韓元（約新台幣 3.75 萬元）。我嚇了一跳，友人則辯說那絕對不算多，意思是別人花的補習費更多。

不過，看見別人做某事時，認為自己也得做的這種想法本來就是缺乏創意，我們反而應該要有不同於他人的思維，才能享有不同的人生，不是嗎？

每個月支付 100 萬（約新台幣 2.5 萬元）、200 萬韓元（約新台幣 5 萬元）的補習費是一件荒謬至極的事，我建議過許多家長省下子女的補習費去買股票，大多數都露出莫名其妙的表情，或認為我的玩笑開得太過頭了，而且認為我不清楚韓國的實際狀況。

不過，你如果真想把孩子塑造成有錢人，就立刻停止讓孩子去補習，用那筆錢買股票或基金會好上 100 倍。如果真心希望孩子成功，就非得這麼做，這就是我想透過本書告訴為人父母者的重點。

比起奔波於學校與補習班到深夜，要不要試著購買國內外的股票並與孩子一起討論呢？如果能買入蘋果與三星的股票，和孩子一起探討兩間公司的戰略，相信會比補習任何科目都更具價值的經驗。

如果將每個月 150 萬韓元（約新台幣 3.75 萬元）的補習費，拿來投資我們管理的基金，20 年後就能成為 80 億韓元（約新台幣 2 億元）的鉅款，這報酬是就算孩子畢業於名校，任職首屈一指的企業，也無法存到的金額。

把每個月的薪水存起來，要何時才能存到 80 億韓元？ 80 億韓元不僅能保障孩子的未來，也能讓父母享受有餘裕的養老生活。

優點不僅如此，假設數十兆韓元的補習費都流入股市會怎麼樣呢？資金調度變順利的企業可以更積極擴展事業，也會更果斷與大膽進行研究與開發，企業的成長與工作機會也會增加。國家經濟也會因此形成良性循環，也能在世界市場中確保競爭力。

有人說韓國近來青年失業問題嚴重，半數大學生畢業後立刻變無業遊民，媒體則稱現在是「百萬無業遊民時代」，所以大學延畢或勉強就讀研究所的人也很多。

對從小學到大學都把進入好公司工作當目標的孩子來說，就業困難應該是很悲慘的事，看見子女面臨的情況，父母的心情大概也不好受。

不過，如果父母捨棄讓孩子徹夜補習的想法，轉而把補習費拿去買股票，子女出社會時，那筆錢一定會有非常大的助益。屆時大概就能對孩子說：「這段期間我們買了這麼多股票，用這筆錢去創業吧！」如果能成為這樣的父母，應該很棒。

一般人大概都認為投資股票風險很大，把錢存在銀行最安全，我的想法正好相反。**如果想規劃退休生活，放在銀行的資金最危險，長期來說股票反而是最安全的資產**。

如果銀行的利率和以前一樣超過 10%，利用每個月的存款就能創造出一筆大錢，不過現在利率非常低，利息根本追不上物價上漲的速度。

換句話說，因為錢存在銀行等於是沉睡狀態，隨著時間越久物價上漲，存款價值反倒越來越低。以目前來說，**每個月按時買股票是創造財富的唯一方法**。

造成家計簿每個月收支都是赤字的補習費，就像是從指縫流出的沙子，只會讓經濟問題越來越嚴重。現在大膽讓孩子停止補習，讓資本幫我們工作吧！

讓手中資本工作的最好方法，就是和先進國家一樣長期投資股市，為了子女的未來和自己的養老生活，這是當務之急。

08 規劃退休基金，拒當下流老人

韓國是全世界老化速度最快的國家，以目前的速度來看，2050年時，65歲以上的人口將會逼近40%*，目前距離2050年還有二十幾年，所以大概許多人會認為那是很久以後的事。

但換個角度來看，以2022年為基準推算，2050年65歲以上的人現在大約三十幾歲，屆時是這些人要面對老年人口逼近40%的社會問題，再加上出生率逐漸降低，人口老化的問題只會提早出現，絲毫沒有解決或

* 根據台灣國家發展委員會統計，台灣老年人口占比緊追韓國，預估2050年時，65歲以上人口將有36.6%。

減緩的可能性。

人口結構如果呈現倒三角，所有世代的生活就會呈現疲憊狀態，因為活力會消失，國家競爭力也會跟著低落。

不過，最艱辛的族群當然就是老年人口，1950 年時，平均 16 個人扶養 1 名老人，這個數字逐年遽減，2016 年變成了 5 個，預計 2036 年將會降至 2 個以下。

原本 16 個人做的事，變成必須由 2 個人做，會有多吃力呢？因此，老一代還是別妄想要讓子女撫養，因為下一代連自己都自顧不暇。

如果不想讓自己陷入絕境，就該提早認真規劃養老生活，政府的福利政策當然也該依照人口結構的改變而不同，但在期待政府援助之前，我們必須先把養老的相關對策視為自身的責任，著手準備。

退休金是上班族的養老必備品

我們經常談到養老金，但到底需要多少呢？根據2015年KB金融指數經營研究院提出的資料，韓國人退休後每個月平均需要花費226萬韓元（約新台幣5.65萬元）。

結論是，就算只準備200萬韓元（約新台幣5萬元），40年後需要將近10億韓元（約新台幣2,500萬元）。不過，通常這筆10億韓元的金額不是在自己手上，而是運用年金制度來做準備。

目前韓國年金大多分為三階段，分別是國民年金、退休金與個人年金（見圖表2-2）。

首先，第一階段的國民年金是保障基本生活所需的年金，有一定所得的國民都義務要投保年金，全職主婦或學生等沒有所得的人則採自由加入。

第三階段的個人年金是為了讓老年生活更有餘裕，

圖表 2-2　養老年金的三階段結構

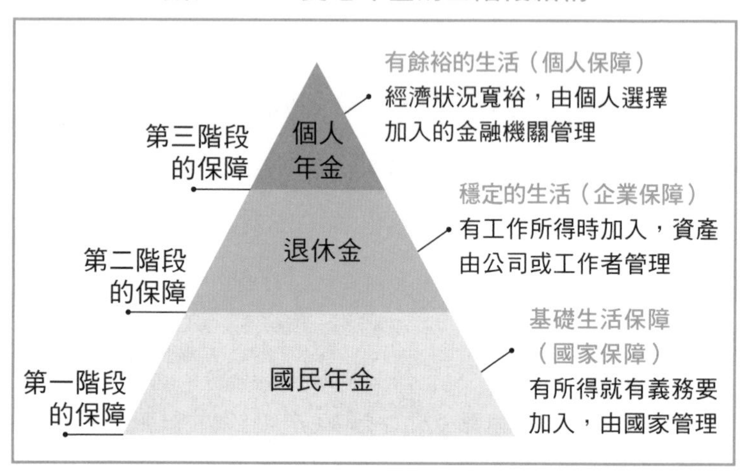

資料來源：韓國雇用勞動部

個人透過民營保險公司另外投保的。

國民年金與個人年金之間的是第二階段的退休金，是我想要談論的部分，由於它是規劃養老必備的要素，如果你或配偶目前在上班，請多關注此一內容。*

* 台灣則大致分為一般無業民眾（例如家庭主婦）投保的國民年金、有工作民眾投保的職業退休金（例如勞保、公保）。

員工離開公司時，為了保障失業期間或退休後的生活，一般都會支付資遣費。不過，因為是屬於一次性支付，多半無法發揮本來的作用，通常不是把錢拿去創業不幸失敗，就是因為突然有一筆大錢，興高采烈換車等過度消費，短時間內就把錢花光。

另外，因為公司狀況太差，導致無法領到資遣費的情況也不少，退休年金制度就是為了加強此一部分而設立的。最大的差別是 55 歲後可依照年金規定領取，同時可領取在職期間公司存在金融機構的勞退金。韓國自 2005 年採用至今，目前有半數以上的勞工（約 600 萬名）都加入了。

選擇適合自己的退休金制度

韓國退休金制度是員工離職時可選擇一次領完或以年金型態領取*。員工在職期間，由公司把離職時需給付

* 台灣勞退新制則是退休後，屆齡可一次提領或按月領取。

的錢存入金融機構，戶頭由公司或員工管理，隨管理者不同，分為「確定給付制」（Defined Benefit, DB）與「確定提撥制」（Defined Contribution, DC）。

「確定給付制」公司給員工的金額固定，依照年資與平均薪資計算，和資金的管理成果無關。如果資金管理成效佳，公司需要出資的金額就會減少；若資金管理成效差，公司就得拿出更多錢來補貼。

所以大部分「確定給付制」的管理都相當保守，股票等的編列占比相當低，大部分會投資保障本金與利息的商品。

「確定提撥制」公司只是每個月轉帳固定金額至員工退休金帳戶，員工負責管理。因此，依照資金管理成效不同，退休金可能增加或減少。

不過，因為是退休後才需要的錢，所以時間相當充足，長期管理後，有充分機會能累積為一筆龐大的財富，因此最好能積極投資。

此外，在韓國還有換工作或離職時收到的資遣費，存到個人的戶頭，是 55 歲後可用年金型態或一次性領取的「個人退休金」（Insured Retirement Program, IRP）。

簡單來說，「確定給付制」與「確定提撥制」是在職時累積出來的退休金，「個人退休金」則是離職後領取的（見圖表 2-3）。

圖表 2-3　韓國退休金制度

類別	介紹	管理者	勞工額外繳納	領取金額
確定給付制（DB）	不受管理結果影響，領取既定金額的退休金	使用者	不可以	退休時的平均薪資 × 年資
確定提撥制（DC）	依管理結果領取退休金	勞工	可以	每年薪資總額 1/2 + 投資損益
個人退休金（IRP）	退休金存入本人帳戶，自行管理至退休後領取	勞工	可以	—

年輕時，可以採取積極的投資模式

退休金是為了 20 ～ 30 年後做準備，當然應該自己管理，把大部分資金都投資股票。我剛進邁睿思資產管理公司，得知大部分員工是把錢交給公司管理時，相當訝異，不只是我們的員工，銀行等大部分金融機關的也一樣。金融界管理錢的人都這樣了，更何況是一般人？

大多數上班族都認為只要交給公司負責，就不需額外費心管理，也有固定的保障。另外，這類人大概也期待日後退休之際，薪資早就提升至一定程度，退休金理所當然也會增加。

不過，實際上這種期待破滅的可能性更高，因為目前正值低成長時代，調薪幅度早已不如從前。韓國很多公司採用「薪資高峰制度」，在資深員工薪水達到高峰後逐年減薪，並保證雇用該員工至退休年齡。

如果薪資按照年資持續調高，會對企業造成負擔，因此會以員工生產力達到高峰的時間點為準調降薪資。

不過，就算調降薪資，物價上漲幅度也不會降低，對勞資雙方都會造成壓力。因此，必須從某處填補差額，但把錢交由公司管理並非解決方法。

前文也提過，把錢交由公司管理屬於保守型的管理方式，96％投資保障本金與利息的商品（以 2015 年 12 月為標準，數據引自韓國雇用勞動部），**在零利率時代、負利率時代，保障本金與利息無法當成特別強項**。

雖然不會損失本金，但無論過多久都不會增值。假設通貨膨脹，退休後的養老金一定會嚴重不足，因為以目前的利率計算，必須經過 70 年以上才會變成本金的 2 倍。想要有效規劃養老，就選擇較積極的投資模式。

提高退休基金的股票占比

不是將退休金改為自己管理就結束了，還必須提高股票占比。從目前韓國「確定提撥制」的管理狀況來看，實際上將近 80% 都投資保障本金與利率的商品，未保障本金與利率的商品不到 20% *。

這樣分配的原因有幾個，最大因素是一般人對投資股票抱持負面想法，加上韓國採用退休年金制度初期，銀行、保險公司、證券公司等金融機構想吸引這筆資金，紛紛推出高利率專案且互相競爭，才會促使保障本金與利息的商品深受歡迎。

另一項因素是韓國政府嚴格的投資規定，養老資金投資風險資產不能超過 40%，2015 年才增加至 70%，但我認為應該提升至 100%。

雖然此一規定是基於安全考量，但長期來說其實股票是最安全的商品，**降低股票投資風險的方法大致分三種，長期投資、分散投資、用閒錢投資**，退休金正好都符合。

---

* 以 2015 年 12 月為基準，數據引自韓國雇用勞動部。

另外，在低利率環境，保障本金與利息的商品其實是扣分商品；而受僱者親自投資後，可享有資金增加快過調薪速度的成果。

1980 年代，美國投資股票的人也不多，因為當時一般人對股票的理解度也較低。那時美國和現在韓國的情況差不多，但美國卻在 1990 年代末開啟了道瓊工業平均指數（Dow Jones Industrial Average）1 萬點的時代，這要大幅歸功於 401(k) 退休福利計劃 *。

這是美國 1980 年代開始執行的企業年金制度，只要在 59.5 歲退休年齡前，把 10% 薪水存入年金帳戶，就會獲得相應稅金優惠。

由於貧富差距可能是資本主義的弱點，此一制度可縮短貧富差距，換言之，這是因為政府預測企業員工，光憑薪水無法做好完善養老準備，便引導他們投資股票

* 美國的一項退休金帳戶計劃，政府將相關規定明訂在《國稅法》第 401(k) 條中，故簡稱為 401(k) 計劃。

成為資本家。許多公司為了提升該制度參與度，甚至以員工提存的金額為基準，替他們再多存 50%～100%。

401(k) 退休福利計劃 80%以上資金投資股票型基金、綜合型基金、債券型基金等風險資產，當中 40%以上是股票型基金（見圖表 2-4），藉由引進該資金，讓資金市場趨向活躍，最後就會替企業環境帶來有活力的良性循環。

圖表 2-4　OECD 主要國家退休年金資產的股票占比

國家	股票占比
美國	48.9%
澳洲	46%
波蘭	37.1%
加拿大	31.2%
墨西哥	18.2%
日本	9.7%
韓國	0.1%

資料來源：OECD（以 2012 年為基準）

30 年前，我在美國展開職場生涯時，同樣也因為 401(k) 退休福利計劃獲得許多福利，雖然當時薪水不高，但我把每個月薪水的 10% 都投資股票型基金，30 年後我還保留著，當時的小錢已變成一筆驚人數字。

這讓我深刻體會長期投資的龐大效益，**剛開始只是微不足道的一筆小錢，經由持續投資與長時間等待，終於創造出一筆龐大財富**。以種田來比喻，就和播種一樣，只要長時間等待就能獲得豐碩成果。總而言之，我想強調的重點是：

1. 想做好完善的養老規劃，年金基金不可或缺。

2. 盡可能調高投資組合中的股票占比。

3. 退休金不要一次全部提領，要以年金方式領取。明明是退休年金制度，但令人不解的是，以年金方式領取的比例卻不到 7%，絕大部分都是一次領取。雖然每個人都可能突然急需資金，但希望你能牢記這筆錢是為了養老準備的。

Part 2
讓財富翻身的投資法

多數人對股市投資都持負面看法，參與度不高，再加上韓國各年金對投資股市的態度同樣很消極，所以股價不會上漲。不過，由於正值低成長、低利率時代，資金終究只能投入股市，預計不久後，各機關將擴大投資占比。

長期來說，韓國股市就和美國股市一樣有潛力，相信許多人都能透過股價上漲為養老做準備。一般人成為有錢人的途徑終將只有股市這條路，而且投資時間越長成果越豐碩，因此最好趁早開始。

第 3 章

投資股市不是選擇，而是必須

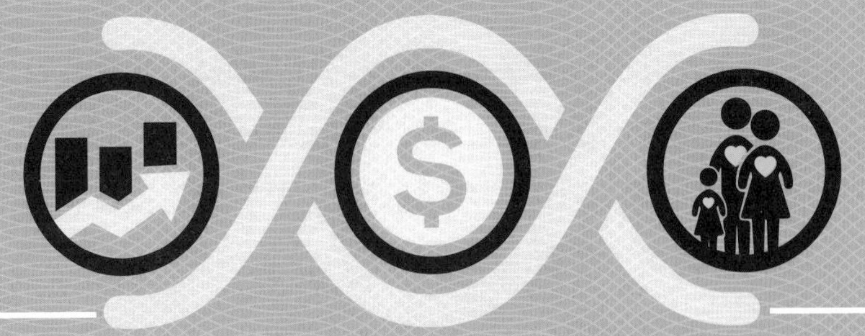

09
通膨讓錢越來越薄

前陣子我看綜藝節目時，有一位相當知名的女藝人炫耀媳婦很乖巧、很受大家疼愛，理由讓我很傻眼：「因為她不會玩股票之類的。」更讓我訝異的是，在場其他來賓毫無異議且紛紛表示認同。

當時我剛從美國回韓國沒多久，那個畫面對我深具衝擊，後來發現遇見的每個人思維都差不多，同時也明白韓國有多麼不重視退休規劃。

甚至連許多管理學系的教授或財經節目主播也認為不該投資股票，連政府也說股票具有風險，退休資金要設定投資股票的上限，我能說什麼呢？韓國對投資股票的認知已經嚴重落後。

投資股票能帶動國家與個人經濟

美國人從小就被教育金融知識，非常理解如何投資股票，而韓國人幾乎把投資股票視為賭博，甚至公開說是會讓人上癮、頹廢、家破人亡的行為。整個社會都對投資股票持負面觀點，家庭資產結構也偏低。

韓國人最重視不動產，有專家說：「韓國人都把大把鈔票坐在屁股底下。」我認為這個形容非常精準。

韓國人資產占比最高的是不動產，遠超過 70%，美國是 30%，所以韓國是美國的 2 倍之多。不動產之外的其他資產呢？

韓國有 50%以上是現金和存款，投資股票、債券、基金的資產不到 20%；相較之下，美國的現金與存款是 10%左右，股票、債券與基金的占比超過 60%，分配比例明顯不同。*美國共同基金、退休基金、保險公司等

* 根據主計處統計，2019 年台灣家庭資產結構約 35%是不動產，現金和存款約 26%，股票、債券、基金占比約 16%。

機構股票持有比例較高也是原因之一。

為何差異如此懸殊？美國人接受過完善的金融教育，為何把錢都放在那麼「危險的」地方呢？簡而言之，因為他們很清楚資本主義蘊含的意義，知道**在資本主義社會中，只有資本家能成為有錢人**，明白一般人想成為資本家，最簡單與有效的方法就是投資股票。

如果韓國的存款占比繼續維持不變，會發生什麼事呢？看看日本的情況應該就能猜到。

日本過去 20 年都處於經濟停滯，原因有好幾個，但很大的因素之一是家庭資產偏重於儲蓄。

80％財富集中在老年人口，而且大部分的錢都存在銀行，甚至有些老人會放在家中金庫，完全反映日本人重視安全且不想承擔風險的取向。

假設把那筆錢投資股市，情況大概非常不同，在股市中順利調度資金的企業就能更積極發展事業，也會對缺乏資金但具備創新能力的創業者形成龐大助力。

相信如此一來，國家經濟也會趨向活躍，景氣也會大幅好轉。不過目前為止，韓國、美國與日本中，以日本投資股市的占比最低，我們應該當作借鏡，避免重蹈覆轍。

只存錢，反而讓財富縮水

我曾聽說韓文「錢」字的語源是來自於「不停流動於世界上」，仔細想想確實是這麼一回事，錢本來就是會一直流動，**唯有金錢持續流動，才會不斷繼續生產**。

從公司領到薪水或透過自己的事業獲利時，沒人能把錢全留在手中，部分會用在食、衣、住、行，部分用在學習、玩樂、文化生活，另外一部分存起來規劃未來。支付出去的錢會流到他人手中，金錢就會這樣一直流動，扮演應有的角色，問題在於存款。

如果把錢存在銀行，它就被囚禁了，無法為經濟帶

來活力，也無法增加存款人的財富。或許有人認為，存在銀行就能保障本金，但我必須說，唯有打破這種既定觀念，才能成為真正的有錢人。

前文提過好幾次，保障本金不能稱作優點，反而是缺點。試著比較 10 年前和現在，1 萬韓元（約新台幣 250 元）的價值。

這就是為什麼，如果錢不變多，只維持相同金額，等於是虧損。

雖然美國現在以金融先進國家的身分領導世界金融市場，但其股市同樣不是一開始就很熱絡，美國人也曾認為股市風險很高而不敢投資。直到開始採用 401(k) 退休福利計劃，政府和企業攜手合作引導勞工投資股市，才終於讓一般民眾改觀。

我年輕時開始把部分的錢投資股市，讓資金替我工作，等於是自身勞動力與資金同時一起賺錢。後來隨著年紀增長，就算失去了勞動力，資金還是繼續運作賺錢，所以等於是已經在做養老準備。

另外，站在國家的立場來看，股市熱絡是不可或缺的，美國因此能在新興工業國家快速成長且威脅其製造業時，轉向發展金融產業。儘管許多傳統產業都轉到新興國家，美國經濟強國的地位依舊屹立不搖。

韓國目前站在分歧點，是要步上日本的後塵進入長期經濟停滯，或是踏上和美國一樣的路，躍升為金融先進國家呢？如果想選擇後者，就該先捨棄對投資股市的負面偏見。

10

投資不是賭博

我身邊幾乎很少人因為投資股票賺錢，反倒賠錢的很多，也因為這樣，曾經投資股票的人和他們身邊的人，都對投資股票有強烈的反感。

我成為邁睿思資產管理公司執行長後，最訝異的是，連自家員工都沒有投資股票或基金。

我曾聽到一名股市分析師說：「韓國股民成功在股市中賺錢的只有5％左右。」也就表示其他95％一直都在賠錢。

接著我便問這種情況下要如何維持股市？該分析師回答：「錢都賠光的95％股民離開股市後，會有一批新的股市小白進入，就這樣重複相同過程。」

投資股市賠光資金也讓人覺得很荒謬，但是讓我更無法理解的是，這類人竟然高達95%。**如果實際上真的95%都賠錢，就表示那些人不是在投資，而是因為投機才會有這種下場。**

如果你認為，投資股票就是看線圖買認為會漲的股票，短期獲利就賣出，那真是大錯特錯。我要談的是投資，不是投機。

只看價格不看價值，等同投機

投資與投機有什麼差別？

美國華爾街教父、價值投資之父班傑明·葛拉漢（Benjamin Graham）是巴菲特的老師，1940年的著作《智慧型股票投資人》（*The Intelligent Investor*）至今仍被視為投資人必讀經典。

他在那本書的第1章提到投資與投機，區分企業價值與股票價格後，**購買價格相對低於價值的稱為投資，不懂得如何分辨兩者或只看價格購買的就稱為投機**。

股票的價格每天都不同且會即時公布，因此任何人都能知道價錢，但企業的價值不會輕易浮現，所以很多人埋首於尋找企業價值的工作。

研究如何找出企業價值也可以說是美國股市投資歷史中不可或缺的一部分，一代接一代傳承進行該研究的主角有葛拉漢、成長股投資之父菲利普·費雪（Philip Fisher）、巴菲特等許多優秀人物。

不過，在韓國股市中，只看股價買賣的人明顯多過努力尋找企業價值的人。

韓國書店裡有非常多書籍，聲稱能短期獲利，書中幾乎都是在講解線圖，談論 W 底型態或是黃金交叉，只要出現這類線圖股價就會上漲，所以就該乘機買進等內容。

光看韓國「多易點」交易系統*就能預測股價未來動態的工具也非常多，有以股價變動幅度為基礎的類型，也有分析趨勢、波動、交易量與心理的類型。

不過，就算那些工具具有邏輯且設計精巧，也會存在基本錯誤，就是想把過去的狀況反映在未來。

線圖充其量只是顯示股價過去的足跡，沒人能確定未來是否會重現或能預測未來狀況，儘管如此，還是有許多人利用這些訣竅，沉浸在能短期內獲得高報酬的幻想中。

我不清楚系統能猜中多少次，不過，通常猜中時往往會造就更不好的結果，因為它會成為一種經驗法則，認為這樣做有效，然後不斷交易，在把錢全部花光前會反覆買賣股票。口口聲聲說是投資股票，但事實上是看股價進行賭博。

---

* Home Trading System（HTS），韓國集合證券、期貨、選擇權的全方位網路交易系統。

我在美國管理韓國基金時，讓許多顧客都獲利，但住在韓國且比我更清楚韓國的投資人為何會虧損呢？我敢斷言，是因為投資與投機之間的差異。

投資股票等於買進一家公司

很多人問我：「就算要長期投資，不是也該做好短期應對措施嗎？」

舉例來說，如果股民從偏愛小型股變成偏愛大型股，就該換股對吧？或者如果股市狀況不佳，就該降低持股占比對吧？

雖然聽起來沒錯，但卻是最糟的選擇，這樣不能算是投資，而是投機。我觀察身邊的人後發現，似乎許多人都有這類觀點，這就是多數人投資股票失敗的原因。

買股票是取得投資公司的股份，也就是成為持有該公司一定股份的股東，持有股權。

不過，韓國卻把股票歸類為風險資產。這種想法相當兩極化，一邊認為股票是公司的股權，另一邊則認為是風險資產。

美國人透過投資股票做養老準備，多數韓國人則認為，應該比其他人更早取得資訊，快速交易且在短期內創造出一筆大錢。

這樣的情況同時也顯現韓國投資股票的文化尚未成熟，就如同所有制度與系統完全成熟之前，會經歷錯誤，其他國家的股市也一樣。

每個國家都會先進行嘗試、套用生疏的概念，因此機會與危險這兩個極端因素會同時共存，韓國股市也經歷過那樣的過程。

韓國股市在日據時期（1910 年～ 1945 年）只是形式上開市，不過隨著上市企業數量增加且交易變熱絡，1970 年代後才開始發揮股市真正的作用。

從股市的急速成長就能知道，股市對國家經濟發展造成的影響，但另一方面也因為各種突發狀況經歷了許多曲折，投機式的交易讓投資人在短時間內獲得豐碩報酬，但也會因為某個波動導致措手不及且血本無歸。

因為幾十年間不斷上演這類戲碼，只要談到股票，一般人都會浮現和賭博一樣的強烈印象，不是一夜暴富就是不幸家破人亡。

不過，現在韓國股市也發展超過 100 年了，經歷經濟高度成長期後，已進入穩定階段，因此變動性與不穩定性也趨緩。更重要的是，股票是一般人能為養老做準備的最後一道堡壘。

唯有挑選好的企業，以股東的心態持續投資，最後才能共享成長果實。為了達到此目標，就不該對預測股市於短期內獲利的「市場時機」抱有幻想。

11 捨棄一夜致富的投機幻想

我回到韓國後，每年年初或年底總有投資人提出這些問題。

「韓國綜合股價指數（KOSPI）會到多少？」
「要投資價值股還是成長股？」
「大型股和小型股哪個比較好？」

沒人能回答這些問題，以投資來說，1年的時間太短，預測未來是不可能的事，與其浪費精神拚命猜測無法知道的事，不如去找算命師會比較好。

我在美國管理南韓基金時，從來不曾有人提出這樣的疑問，大部分是更基本的問題。

「韓國也和日本一樣步入高齡化時代，兩國有什麼相異之處？」

「韓國政府有針對家庭負債提出任何政策嗎？」

「韓國是否存有通貨緊縮的隱憂呢？」

「韓國的公司治理結構有改善嗎？」

雖然我們無法預測未來，但我評估投資的公司是否賺錢以及公司狀況，都比猜測指數來得更簡單。

與其猜測漲跌，不如檢視企業狀況

預測市場後，進行投資的方式，稱為市場時機。判斷股市景氣會惡化就降低持股占比，認為股市景氣會變好就增加持股占比，也就是當某支股票看起來會上漲就買進，看起來會下跌就賣出。

表面上好像不錯，但事實上根本就不是好方法，因為根本沒人能精準捕捉市場時機。預測市場時機只是在浪費時間與努力，因此若在財經節目等媒體的短期預測，最好視而不見。

我們應回歸最基本的方式，**與其執著於未知事物，不如下工夫檢視投資企業的營運狀況**。

投資股票不困難，只要買好股票長期持有，不過，很多人都認為投資股票想要成功，需要具備預測市場時機的能力。

那種技術實際上真的存在嗎？奉勸你早點認清事實。也有人把市場時機稱為神之領域，意指光憑人類或人類的技術無法解開這種問題。

每個企業的股價是以經營成果為根據，受市場流動資金、景氣、投資人的心理等無數變數影響，呈現隨時變動的狀態。哪項變數會造成何種程度的影響也不一定，因為會受到當下買賣股票者的接受程度左右。

由於市場時機一開始就無法預測，因此會出現重複買賣的行動，多數人買入股票後，就會煩惱何時該賣出，賣出後就會對其他股票心猿意馬，就是在等待所謂的買賣時機。

不過，那種方式絕對無法賺大錢，或許能賺到一筆差價，但獲利終究無法守住。傳奇投資人安德烈·科斯托蘭尼（Andre Kostolany）說：「我從來不曾見過有短期投資人能一直成功獲利。」

投資不是買賣的技術

頻繁交易為何無法賺大錢？**絕大多數人都是以情緒應對股票漲跌，而非評估公司價值**。只要稍微上漲一點，就擔心股價隨時會下跌，立刻賣出股票；只要稍微下跌，就擔心是否會繼續跌，然後認賠賣出。

這種人片刻都無法離開電腦前，喜怒哀樂隨股價漲跌變化，股票賠錢賣出後，就想立刻買其他股票挽回虧損，如果在短期內獲得一點報酬賣出，就會想乘勝追擊買進另一支股票。無論虧錢或賺錢，因為都在受情緒影響下交易，終難有好結果。

當我持有某支股票，每當它下跌我都認為是好買點，畢竟投資股票的目標是為了長期投資後獲得高報酬，而非賺取短期10%或20%的報酬率。

若是守在螢幕前受股價漲跌影響，情緒起伏會漸漸變得更劇烈，這樣就會照自己的臆測去猜未來股價。

舉例來說，如果有下定決心要買的股票，一切都會看起來像起漲訊號，然後就會相信訊號買入股票；但現在所有訊號都像在預告下跌，就會完全感受不到買股票成為企業股東的喜悅，無論股價漲跌都會忐忑不安。

投資股市不該讓人不安，也並非是不斷驗證指標的苦差事，只要相信時間會是助力，耐心等待，就會明白其實它非常簡單與輕鬆的。

雖然多數人都會忽視手續費與稅金，但兩者也是必須注意的重點，股票是透過證券公司買賣的，代價當然就是支付手續費。

因為每間證券公司的衡量標準不同，收取的手續費各有不同，韓國手續費最低是 0.015%，買入和賣出都要支付，賣出股票時還要繳納 0.3%的證券交易稅。*

舉例來說，如果以 100 萬元買入股票，同樣以 100 萬元賣出，扣除了手續費 300 元（買時 0.015%、賣時 0.015%）與稅金 3,000 元，戶頭剩 99.67 萬元。

這並非股價下跌造成的虧損，單純是買賣行為造成的結果，就算股價下跌低於買價導致虧損，賣出時還是得支付手續費和交易稅。

只要買賣成交就一定得支付手續費與交易稅，通常每天頻繁交易的人都會因為手續費與交易稅賠錢。

---

* 台灣股票買賣的交易手續費皆為 0.1425%，但每間券商可能各有不同折扣，而賣出時的證券交易稅是 0.3%。

只有長期投資人能獲利

有人曾開玩笑說，韓國靠股票賺錢的人大致上分兩種，一種是忘記自己有買股票，過很久後才終於想起；另一種是長期移民後再回韓國。

雖然不清楚這類情況實際上有多少，但給我們一個啟示，**股票必須長期投資，買入股票後就該長期持有，沒有特殊理由就不該賣出**。有些情況則是一輩子都不需要賣出，還能傳承給下一代。

買賣股票的比率稱為「周轉率」（Turnover Ratio，也稱換手率），我管理韓國基金的那 15 年，每年的周轉率都沒超過 15%。換言之，美國人通常買股票後都會持有 7 ～ 8 年。

理由很簡單，因為**只有長期投資人能賺錢**，這個理論很單純，當公司營運順利，就會把成果分享給股東。

決定出售股票時必須有明確理由，單單只因為上漲

10%或20%就賣股票不算是好的投資方法，如果不是股價莫名暴漲、經營團隊做出異常行動、發現更棒的投資標的，就沒理由出售持有的股票。

很多人都不具備投資股票的原則，一心只想短期交易，不過，重要的是往後5年、10年或20年，現在的股價沒有任何意義。**好的股票就算短期虧損也無妨，因為以長期來看它終將上漲**，這就是資本主義的原理。

假設我買的股票往後5年、10年或20年變成10倍或100倍，現在以便宜10%的價格買入或買貴都不重要。

三星電子、SK電訊（SK Telecom Co., LTD.）、三星火災海上保險、愛茉莉太平洋集團（Amore Pacific）等，都是韓國過去10～20年間上漲10～200倍的股票，如果因為上漲10%～20%就賣出，那多可惜啊！

我認為這類股票往後一定還會出現，但能享有豐碩果實的只有長期投資人。

12 長期比短期更具展望

談論未來之前，我想先談一下過去的事。

前文提過我剛出社會時原本是會計師，轉換跑道成為基金經理人後，人生也進入了轉換期。我終於明白存下每個月的薪水，在組織內循序升遷並非人生全部，這個世界其實存在各種機會。

特別是我領悟到**如果想在資本主義社會成功，除了勞動力，資本也能替我們工作**，這就是我最大的收穫。

創造出這類契機的就是「斯庫德史蒂夫 & 克拉克資產管理公司」（Scudder Stevens & Clark, Inc.，簡稱斯庫德公司）。

比起日本，韓國市場更有潛力

斯庫德公司是世界最早的資產管理公司，它讓南韓基金在美國紐約證券交易所上市，第一個想到南韓基金的是年輕分析師尼古拉斯・布雷特（Nicholas Bratt）。

我們都叫他尼古，原本負責日本，為了投資經常往返美國與日本。親自造訪投資企業同樣也是斯庫德公司在業界首創的原則，尼古每次拜訪企業時，都會詢問對方的未來展望，許多日本企業的回答都是擔心韓國氣勢驚人的追擊。

聽完日本企業的回答，尼古突然對韓國產生好奇心，因為對韓國很陌生，便立刻飛往韓國。

他在 1970 年代末期初次前往韓國，拜訪了最具代表的企業三星電子、浦項製鐵等，他說自己隱藏不住心中的激動。當時直覺告訴他，韓國將成為亮眼寶藏，尼古回國後立刻向公司提議要編列投資韓國的基金。

這在當時可說是風險極高的冒險，那個時期就連投資加拿大也認為很危險，提議投資韓國完全是超乎常識的事。可想而知，當然受到強烈反對。

不過尼古沒放棄，提議一起前往韓國後再決定，並說服經營團隊與投資人。一起造訪的人看過韓國後完全改觀且決定推出南韓基金，1984 年終於在紐約證券交易所上市。

在那之後的 7 年，也就是 1991 年開始，我以韓國經理人身分工作了 15 年，和尼古前往世界各國去介紹南韓基金與韓國股市。

1988 年的漢城奧運提升了韓國知名度，但對許多地球村居民來說，韓國依舊是陌生國度，很多人都會問：「你是在說南韓還是北韓？」不過，憑藉我們團隊的熱情說明，終於讓投資人對韓國的潛力產生信心，很多人也都開始投資南韓基金。

後來，南韓基金獲得了一大成功，也成為提升韓國國際地位的契機。1984 年上市時的資產原本是 600 億韓元（約新台幣 15 億元），2005 年我卸任時已變成 1.5 兆韓元（約新台幣 375 億元）左右。

我記得三星的股票編列為南韓基金時的股價是 1 萬韓元（約新台幣 250 元）左右，現在則遠遠超過 100 萬韓元（約新台幣 2.5 萬元），差距如此之大，讓人有隔了一個時代的錯覺。

南韓基金的成功儼然成為性質相近的基金的模範，現在有阿根廷基金、泰國基金、菲律賓基金等許多以國家命名的基金，如果南韓基金沒成功，大概就很難造就這樣的結果。

尼古和我一起前往世界各地且全心投入吸引南韓基金的投資人，他對韓國有一股特別的愛。

尼古初次去韓國時，在路上被人撞到好幾次，但對方都沒道歉就走開，因此他對韓國人留下無禮的印象。

不過，現在他完全改變想法，認為他們一定是太忙才會如此匆忙，韓國經濟能如此迅速成長，是因為韓國人勤勞工作。

還有另一個深愛韓國的人，那就是斯庫德公司的招牌基金經理人威廉．何澤爾（William Holzer）。

我的老友威廉在自己管理的國際基金中，日本股票只占 1%，但韓國股票卻有 7%，由此可知他真的很喜歡韓國。

只要想到他，就會讓我想起以前在斯庫德長時間開會討論日本的回憶。

當時我剛進入公司不久，認為他們看市場的眼光相當獨立且具創意。那個時期多數人都對日本經濟持樂觀態度，但斯庫德的投資專家早已預見日本經濟會陷入長期困境。

那時資產規模排名世界前 10 名的銀行都出自日本，而且美國把汽車、鋼鐵市場讓給日本公司，因此讓我覺得更加訝異。威廉是預見日本經濟嚴重衰退的其中一人。

威廉認為日本無法改變的民族性、高齡化、垂直一條龍的企業文化、毫無彈性可言的勞動與資本等因素，會是造成經濟停滯的因素；相反地，他對韓國的看法非常樂觀。

韓國具備勤勞的民族性，同時也是明白教育重要性，擁有認為下一個世界必須更好的認知文化，威廉認為這些條件都和日本不同，對韓國懷有深厚情感。

日本就如同威廉所預言，經歷超過 20 年的長期經濟停滯，以全世界最快的速度邁向高齡化，不動產與股價暴跌，經濟也受到嚴重打擊。更重要的是，不重視投資，因此大部分資產都以儲蓄的方式關在銀行。

再加上教育系統問題嚴重，認為英文單字背得好與擅長解數學題，就能出人頭地的固定觀念太根深柢固，所以培養創新人才失敗。

雖然環境快速改變，但日本卻沒能接受與引導變化，反而更堅信安全第一主義，延長了經濟停滯時間。

近來擔心韓國漸漸踏上日本後塵的人越來越多，韓國前景真的和日本過去 20 年一樣黯淡嗎？

這件事真的需要省思，不過可以確定的是，韓國站在比 20 年前日本更有利的位置，因為可以把經歷 20 年經濟停滯的日本當借鏡。只要研究日本未能做的事，韓國就能避開或減緩日本經歷的經濟停滯。

盲目追求學業高分的教育無法提升競爭力

我和在美國管理南韓基金時一樣，對韓國未來抱持小心翼翼但也很樂觀的態度。

韓國和日本的地理位置很近，但民族性與文化相當不同。日本害怕變化且缺乏創意的文化遠比韓國嚴重，比起秉持進取想法挑戰新領域的人，想繼承父母財產過平靜生活的人更多。

偶爾會看見電視節目介紹日本代代相傳的餐廳，像是「第三代壽司店」、「第五代烏龍麵店」等，匠人精神固然是好事，但父母的職業傳承給下一代不一定都是值得嘉許，下一代應該比上一代更進化，也就是往附加價值更高的方向邁進。

往後的世界經濟會變成我們過去未能經歷的環境，例如線上購物網站 eBay 或第三方支付服務的 Paypal 等都是過去完全想像不到的企業，它們屬於借助網路力量清除既有的不合理或不方便，進而創造附加價值的企業，往後還會誕生更多這類企業。

韓國是公認的網路強國，是創造尖端產品的國際企業眼紅的早期採用者（Early Adopter）* 天堂。因為喜歡新穎且能在短時間內接受變化，韓國未來能站在比任何國家都更有利的位置。

另外，鄰近中國龐大市場也是韓國的優勢，只要深入了解中國且運用在市場上，韓國就會有無比龐大的商

* 即有先見之明的消費者，也是新技術產品發展的主要推動者。

機。雖然韓國許多製造業都會因為中國失去競爭力，但鄰國就是消費力龐大的中國，代表是絕佳的好機會。

把製造業讓給中國是無法避免的趨勢，但服務業具備無盡的成長潛力，這就是韓國必須強化金融等服務業的理由。金融業等服務業帶來的附加價值不管強調多少次都不為過。

雖然北韓被認為是不確定變數，現在外國人都因為北韓而對投資韓國卻步，但如果未來兩韓統一後，就會開創無限潛力。

韓國高度的教育熱忱同樣也會是讓其持續具備競爭力的原動力之一，但不該把這份熱情浪費在填鴨式、死背式的教育方式，而是該轉往提升國家競爭力的方向。

盲目追求高分的教育無法提升競爭力，教育不該教聰明的年輕人安逸於平凡與舒適的生活，應該讓他們培養想創業獲得龐大財富的欲望。

韓國必須調整環境結構，培養國際級的創新企業，也應該改變思維模式。另外，年輕人也該擺脫只把就業當目標的老舊思維束縛，唯有如此才會明白就業失敗不代表人生終結。

外國基金經理人在衡量特定國家競爭力與潛力時，常用的方法是詢問該國大學生未來的抱負。

如果多數大學生都執著於尋找舒適與安定的職業，投資人就會對投資該國有所顧忌，因為不願意承受風險，就等同對創造財富漠不關心。

擁有正確投資哲學的基金經理人，當然會選擇投資積極且對創造財富有興趣的國家。

值得慶幸的是，最近我看過許多韓國青年創業成功的新聞，原本年輕人的未來走向清一色是選擇大型企業，近來選擇中小企業的人也變多了，這同樣也是值得開心的消息。

我建議年輕人優先考慮創業，如果要進入職場就業，把目標放在中小企業，而非大型企業。比起體系完善的大型企業，**待在中小企業能有更多元的體驗，對創業也會有幫助**。韓國的未來是否具備希望，取決於這類年輕人的多寡。

13

長期看好股市的三大理由

長期來看，我對韓國的股市持樂觀態度，最基本的原因是我認為韓國未來充滿希望。我無法預測明年的股市與景氣，而且也沒興趣知道，但長期來看，韓國股市依然具有魅力。

因為有這樣的信念，我為自己家庭投資股票，同時也積極推薦員工和我見過的每個人投資股市。我之所以有這麼樂觀的結論，基於下列幾個理由。

一、競爭者太少

很多人都把投資股票視為賭博，會讓人家破人亡，但矛盾的是，現在卻出現適合投資的好環境。

因為目前的競爭者少，大眾媒體每天都會報導韓國經濟的負面消息，接觸這類新聞的人自然遠離股市，短期的心理不安導致無法放遠目光考慮未來。

不過，就像我多次強調的，**一般人想致富唯一的路就只有股票**。

當韓國人和先進國家一樣對資本主義的理解程度漸漸提升，就會有更多人想持有股票成為資本家。當越來越多人湧入股市，股價當然就會上漲。

另外，因為低利率的趨勢持續不變，投資股票可說是創造財富的唯一機會。

公家機關國民年金公團（National Pension Service）* 在韓國內股市占的總市值大約是 6%～ 7%，2016 年第一季韓國股市總市值大約是 1,300 兆韓元（約新台幣

---

* 韓國投資公司，以投資人的國民年金作為本金來投資的公司。

32.5 兆元），因此等於是投資了 80 兆韓元（約新台幣 2 兆元）左右（國民年金基金占比大約 20%，見圖表 3-1）。

圖表 3-1　韓國國民年金在韓國股市的投資占比

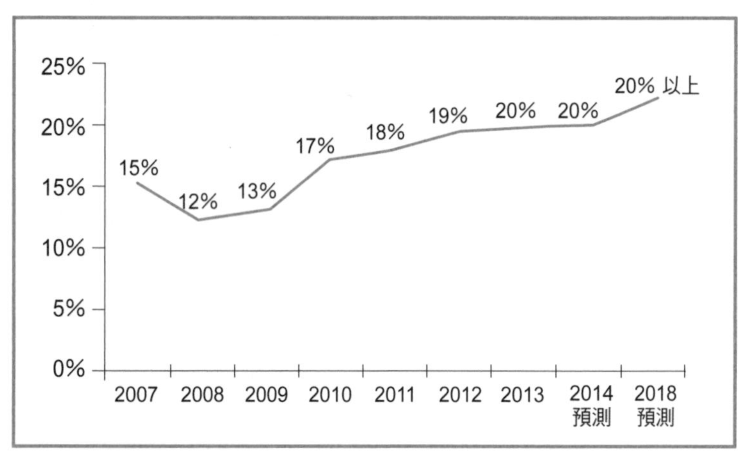

資料來源：韓國國民年金公團

國民年金可運用資本投資的地方有限，無論是韓國國內或國外都只能繼續投資股市。此時應該關注的是國民年金持續增加的金額。

根據公團公布的消息，國民年金基金於 2015 年首次突破 500 兆韓元（約新台幣 12.5 兆元），之後就急速增加，預計 2040 年可達到 2,500 兆韓元（約新台幣 62.5 兆元）。

因此，只要國民年金維持和現在一樣的股市占比，投資金額在 2040 年時就會增加 5 倍之多。

如果再加上各個企業的退休金，就會增強股價上漲速度。

韓國勞動部公布的《2015 年退休金主要動向》指出，目前加入「確定提撥制」的人數持續增加，「確定給付制」是小幅度降低的趨勢。

雖然 1 年的變化只有 0.5%，但認為該轉換為「確定提撥制」的人持續增加是鼓舞人心的。

自從美國執行 401(k) 退休福利計劃開始，美國股市就開始穩定成長，說不定韓國現在就和 1980 年代初期的美國一樣，因此這也意味著目前已經持有股票的人，會比才剛要買股票的更早成為有錢人。

或許目前還沿續舊習的企業未來營運會變困難，但相信往後會持續出現能創造新附加價值的企業，這類企業也將會背負韓國的未來。

二、股價不貴

以本益比（Price Earning Ratio, PER）或是股價淨值比（Price on Book-Value Ratio, PBR）等條件來看的時候，韓國上市公司的股價與公司價值相較之下，不但太過便宜，和其他國家相同業種的公司比較時，也明顯被低估。

這是因為和其他國家的股市比較時，韓國股市長期被冷落。

韓國有很多讓人想投資的公司，但儘管技術與成長能力優秀，單單只因為是韓國股市股價就一直停滯不前的股票相當多。

不過，我們還需要注意產業發生「典範轉移」*（Paradigm Shift）的情況，思考哪種產業的附加價值高，以及密切關注發生跳脫常識現象的地方，因為網路發達、中國崛起等都會對韓國企業造成嚴重影響。

未來將出現型態完全不同的公司，過去大量生產少數種類物品賺錢的公司都會因為中國企業失去競爭力，千萬不能盲目眷戀過往的美好日子。

隨著大部分國家步入高齡化社會，產業結構勢必出現改變，投入大量資金製造生產設施的企業會因為銷售銳減陷入困境。

舉例來說，假設一般人喜歡小坪數房子勝過大坪數，共享經濟模式就會變活絡。

事實上，交通網路科技公司優步（Uber）、分享住宿服務的公司愛彼迎（Airbnb），以及共享汽車服務

---

* 原指一門科學的基本概念和實驗實踐發生根本變化，後延伸至許多事件的基本概念或感知發生深刻變化。

的 Zipcar 等都擁有非常龐大的總市值。

而且**未來銷售額或總資產規模將會變成不再那麼重要，總市值的重要程度遠勝一切**，不像過去取決於銷售額與總資產，只有創新企業有機會增加總市值。

谷歌的母公司字母控股（Alphabet Inc.）與蘋果公司創下全世界最大的總市值，期待往後這類企業不會只出現在國外，在韓國也會大量出現。我們必須為了尋找這樣的企業付出努力。

三、股市已趨向穩定

全世界的投資人決定投資方向時，通常都會參考 FTSE 與 MSCI 兩大指標，FTSE 主要是歐洲基金的評估基準，MSCI 指數主要是美系基金操作時的評估基準。跟著這兩個指數的資金規模各自是 4,000 兆～6,000 兆韓元（約新台幣 100 兆～ 150 兆元）。

韓國股市在 2009 年被列入 FTSE 先進指數；目前在 MSCI 屬於新興市場，還在為了能被列入先進指數而努力中。

韓國股市被列入這類指數有什麼意義呢？

1. 股市的高穩定性獲得國際認證

曾有人說：「美國一打噴嚏，韓國就會重感冒。」由此可知韓國經濟與股市受美國非常大的影響。就算出現一點上漲跡象，但如果美股突然下跌，就算沒有特別議題，韓國股市往往都會跟著一起下跌。

不過，現在韓國股市已經奠定一定基礎，對美國的經濟依賴度也大量分散到中國等其他國家。另外，韓國交易所也準備了各種穩定股市的機制，努力落實扎根先進國家的投資文化。

2. 更多的外國投資資金流入韓國股市

根據調查結果，韓國被列入 FTSE 先進指數後，出現引進 20 兆韓元（約新台幣 5,000 億元）外資的效應。未來如果被列為 MSCI 先進指數，就算現在新興市場指數相關資金撤離，我認為還是會有外國資金投入韓國股市。

未來韓國如果想繼續提升競爭力，發展服務業是很重要的一環，特別是金融業，因為金融產業如果沒能延續發展，就無法成為實質上的先進國家。

金融產業是附加價值最高的領域，因此屬於能提供年輕人渴望的高薪工作機會的產業。

韓國股市想繼續發展，就必須具備不同於日本的思維與政策，我認為日本是因為把重心都放在製造業，缺乏對金融的理解，所以才會歷經失落的 20 年。

以前韓國也曾著重在製造業，特別是全心全意投入出口業，金融公司的競爭力也因此遠遠落後其他國家。

創造金融公司競爭力，最重要的是大量培育專業人士，在 OECD 國家中，韓國投入的教育費占比是首屈一指的，擁有博士學位者的比率相對也比較高，應該把這類人才用來提升國家競爭力，降低門檻，把具競爭力者引進金融業，透過這樣的方式創造出多元的金融公司，而且政府也必須降低干涉的程度。

另外，應該捨棄對外資的仇外思維，並且讓外國金融機構能有更多機會在韓國賺錢。外國金融機構在韓國賺錢，相對地，韓國就能培育更多金融專家，有許多海外金融機構的香港與新加坡就是很好的例子，因為沒有專業人士就無法取得客戶信賴。

培育金融競爭力是迫切的課題，政府應當正視且從多方面著手努力，當培育金融競爭力漸漸有成效時，股市也會升級進入另一個階段。

從韓國的強項與面臨的課題來看，我對韓國股市抱持樂觀態度，但就算景氣復甦，過去所有類股一起上漲的景象可能不會再出現了。

產業已進階為多元化，網路發達也提高了生產性，過去無法想像的企業類型也持續誕生，我們必須研究未來哪類企業具備競爭力，購買這類企業股票長期持有，將會是決定韓國未來與個人養老生活品質的一大關鍵。

第 4 章

投資成功的祕訣

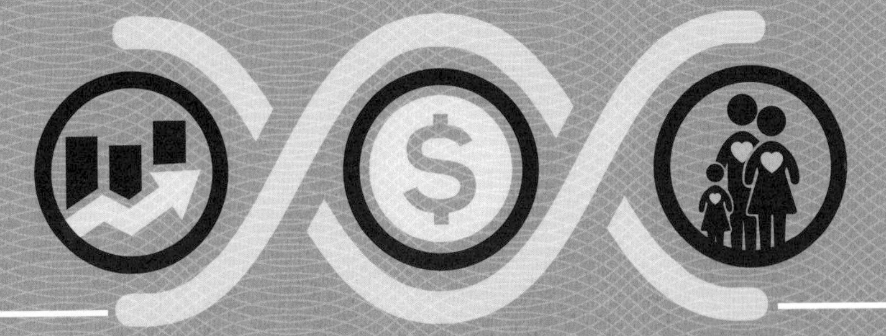

14 擁有正確的心態

現在你應該明白，不該忌諱投資股票，而是一定要投資股票。很多人都說，就算知道投資股票勢在必行，卻不知道該從何著手，很想知道具體的投資方法。

我認為投資股票不是靠技術，這是一門哲學。對投資新手來說，絕對不可缺少投資的基本態度，如果沒有堅定的原則，就會跟著股價起伏手忙腳亂，進而虧損。

我是轉職到斯庫德擔任基金經理人後，才開始學習投資股票，我認為自己比較幸運的是一開始就擁有正確的投資哲學。

我在 1991 年加入斯庫德，當時受波斯灣戰爭餘波影響，美國社會氣氛非常混亂，股市也是。

因為景氣持續低迷，不安的投資人紛紛回收基金的投資金，股市變動也非常高，之後 10 年美國股市在那樣的恐慌氣氛中開始反彈。

道瓊指數在 1991 年 1 月時是 2,700 點，1999 年年底時已經上升至 11,400 點，漲幅非常驚人。

因為股市高度成長，很多人都想利用股市賺錢，另一方面，也有很多人擔心股市再次暴跌，所以不敢長期持有股票，只要稍微漲一點就賣出獲利。

不過，斯庫德有明確的股票投資哲學：

1. 股票不是買賣的技術

2. 市場時機是錯誤的投資方法

因為我們堅守這樣的原則，才能在美國股市見證歷史性成長。

沒有原則，就無法成功

股價會不停上下浮動，因為股市不會只看企業營收，也會反映經濟、政治、文化等整個社會發生的事。

鄰近國家與地球另一端國家發生的事也都可能會牽動股價，就算是相同現象，依照股市投資人的反應，股價可能漲也可能跌。

說要分析所有股市相關因素來預測股價走向，幾乎可以稱作是傲慢。我們必須有買賣股票的原則，如果沒有自己的一套原則，失敗率通常會遠遠勝過成功率，理由如下：

1. 容易因他人的言語而動搖

我常聽到這類的問題：「我 3 個月前買的股票跌了 20%，該賣出還是繼續持有？」

通常這種時候，我都會反問對方買股票的標準，大多是收到「證券公司專家推薦的」、「朋友推薦的」、

「因為大家都買」等回答。

老實說，我真的無法理解明明去市場買 1 萬韓元（約新台幣 250 元）的西瓜都會拍打、確認瓜蒂是否乾枯謹慎挑選，但是要買上百萬韓元（100 萬韓元約新台幣 2.5 萬元）的股票，卻只是因為別人說好就毫不猶豫買進。

我完全無法理解投入寶貴資金卻心存僥倖的心態，這和想碰運氣每週買樂透有什麼不同？

2. 難以控制欲望

每個人都想變有錢人，這不是該受批評的事，但如果**在沒有原則的情況下投資股票，容易產生過度貪婪的心態**。

偶爾會聽到有人說自己幾天內就賺了幾百萬韓元、創下幾百％報酬率等英勇事蹟，但事實上也只有股市能辦到這種事。

因為每天韓國股市的漲幅限制是 30%，*如果連 3 天都漲停，就會超過本金的 2 倍，等於是 3 天就有 100% 以上的報酬率。

不過，我目前還沒見到靠這類方式獲利賺錢的人能守住那筆錢，反倒是見過很多一味追求短期獲利率、養成差勁投資習慣的人，淪落到一蹶不振的地步。

韓國股市的規定不是只有漲幅是 30%，跌幅同樣也是 30%，如果跌停 2 次，本金就會減少一半以上。

如果幾天就能賺取高報酬率，就會認為全都歸功自己的「實力」，但那種好運氣通常不會持續，最後卻因為頻繁交易與融資，而逼不得已空手離開股市。

3. 一直都不安

如果以自己的標準分析企業，**只要企業有持續成長，就該繼續持有該股票**。沒有要立即賣出股票，當天

---

* 台灣股市漲跌幅限制是各 10%。

上漲的數字其實不重要，如果股價下跌，就會是增加持股的好機會，這樣反而是好事。

但如果是別人推薦或是看圖表買股票，大概就很難判斷取捨，不管股價漲跌都會不安，於是股價上漲多少就會「獲利了結」，下跌多少則會「認賠賣出」。

如果把這樣的模式視為是投資股票，10 年後因為手續費而耗盡多數資產的可能性很高。如果一直持有，也可能會變成本金的好幾倍。

這種**沒有原則的投資方法會造就與賭博相同的結果**，或許有些人是享受當下短暫的激動與刺激，但老後就註定必須過貧窮生活。

再加上這類在股市賠錢的人絕對也會教子女千萬別碰股票，甚至還會擋住子女踏上有錢人的路，這樣的結果實在太嚇人。

不受短期漲跌影響，專注長期價值

全世界的股市都在震盪，每天報導的新聞多半令人絕望，美國升息、歐洲經濟危機持續、中國的成長率降緩、油價變動、各國的匯率戰爭等，沒有一個是能簡單解決的問題。

不過，這類變動並非現在才有，不管是 1990 年代末期的金融危機，還是 2008 年美國發生的金融風暴，股市同樣也發生震盪，以後也會反覆出現類似情況。有資本主義就一定會需要股市，當經濟成長時，股價也會跟著上漲。

輿論或部分財經專家在指數上升時會說股市前景樂觀，指數稍微下降時會說前景悲觀且發表聳動言論。

如果具備清楚明確的投資原則，不需要因為短期的股價變動而失眠，因為公司的根本價值不會在幾天或幾個月內就改變。

公司沒變，只是股價變，我們只要以投資人身分秉持正確哲學投入市場就行了。

投資股票是買入後長期持有，而非買與賣的技術，買股票等於持有公司的部分股份。也就是我們投資的公司的員工努力工作幫我們賺錢，不是靠買賣股票賺錢。

每次去向國外投資人行銷介紹韓國股市時，我都一定會說：「我們買的是公司，不只是股票。」意思是我們的投資哲學不是買一張股票，而是收購公司的一部分。

企業運用股市能以低成本調度營運上的資金，公司治理結構在努力增加投資人利益的過程中，也能自然獲得改善。

投資股市後，個人可享有企業創造的利潤，同時也能為養老生活做準備。

員工如果持有自家公司股票，不僅工作態度會變積極，還能提升業務效率。與其整天抱怨努力工作薪水也不會變多，不如培養想成為公司主人的欲望。

如果自己成為公司的小股東，當自己與同事越努力工作，就會覺得越有幹勁，因為公司營運越順利，我能獲得的利潤就越高。

這不是對養活自己的公司的封建式忠心，而是一種主人意識，這和盲目的忠心不同，因此不會有受背叛的情況。而且就算突然被解雇也不會害怕，因為就算離開公司，留下的人還是會為我工作。

巴菲特收購吉列公司（Gillette）之後說：「只要一想到每天睡覺時就有 25 億名男性長出鬍子，就會讓人產生動力。」你大概也聽過這件事。

投資股票是件值得開心的事，因為只要持有相關公司的股票，每當三星的筆電、現代的汽車、蘋果的 i-Phone 賣出去時，我的財富就會隨之增加。

我們應該**秉持企業家的心態買入股票，同時以股東的心態關注該企業的成長**。

15 從基本面挑選好企業

企業如果經營順利每年都能成長，就能成為永續經營的公司；如果經營不善步向衰退，不久後就會被大環境淘汰消失不見。在必須持續 10 年**長期投資的股市中，企業的體質最重要，之後則是成長能力**。

股價基本上會反映企業價值，就算股價短期無法反映企業真正價值，但長期而言會完整呈現企業價值。如何尋找能永續經營，以及我們會欣然投資的企業呢？

決定買哪張股票其實並不容易，因為漲跌絕不會和我們想的一樣，就算經驗豐富的基金經理人也和你有相同煩惱，基金經理人擁有專業知識，相較之下一般人明顯處於不利狀態，希望你能銘記在心。

一般人都誤以為基金經理人擁有更多資訊，投資股票時當然比較有利。其實並不然，現代社會最大的問題就是資訊太氾濫，資訊不足反而不會造成問題，**好的投資哲學比資訊的有無更重要**。

挑選股票等於是尋找幫助我退休的合夥人，尋找合夥人時不需要沒有任何助益的資訊，必備的資訊是該公司的未來展望與策略等，這類資訊網路上都能搜尋到。

舉一個投資成功的例子，幾年前我們的投資團隊鎖定前往韓國旅遊且數量龐大的觀光客，特別是化妝品深受中國觀光客喜愛，於是便買入韓國具代表性的化妝品公司愛茉莉太平洋集團的股票。

之所以會選擇買這間公司的股票，並不是因為我們具備特殊訣竅，你不也有這種程度的預測能力嗎？投資股票就該以這樣的模式。**檢驗長期的成長能力後，只要判斷是否具備合夥價值就行了**。

不過，我們資產管理公司比一般人更有利的，大概只有比較容易拜訪想投資的公司吧！

分析經營團隊是最重要的要素

想買某張股票時，最重要的要素是經營團隊的資質。企業的成長要靠全體成員努力，但**經營團隊是影響成長能力或方向最大的因素**。拓展新事業或擴張原本事業等重大決定都是由經營團隊負責。

我們公司在判斷一間企業是否值得投資時，最優先重視的就是經營團隊的品質。

在決定投資前，我們一定會拜訪該公司和經營團隊見面，冷靜分析對方是否可能帶著合夥人的錢跑路、是否具備管理公司的能力、往後 5 年以上是否能賺錢等。

如果發生貪汙、瀆職等道德問題，就無法信賴該企業，這類的因素當然會對股價造成負面影響，因為這和挑選合夥人的投資哲學背道而馳。

另外，經營團隊買賣自家股票的狀況也會對股價造成非常大的影響，特別是在高點大量賣出時，無論多麼優秀的企業，股價都無法上漲。

因為經營團隊大量賣出公司股票，就等同承認自家公司的前景不佳。如果認為公司往後會持續成長，那就該繼續持有，為什麼要出售？

如果經營團隊持續收購自家公司股票，這類公司的股價就會持續上漲，因為經營團隊已經向投資人展現想培育公司的意志、以及公司前景一片光明的訊號。

透過財報判斷企業價值

完成經營團隊的分析後，接著就要判斷買入股票的價格是否適當，

判斷標準取決對該公司未來的評價，這部分最困難。判斷股價適當範圍有專門用語，必須具備基本常識

才知道使用方式，基本上專家使用的用語也不會有太大差別。

接下來，我會介紹分析企業時常用的幾項指標。企業官網或「多易點」的企業概要都會更新每季財報相關數值，因此應該不需要親自去計算。

不過，由於公布的數字都是前一季的資料，若想掌握近期狀況，就必須親自計算。計算並不困難，總之必須明白每個指標具備的意義才能掌握企業營運狀況。

2016 年為止，韓國股市上市的企業大約有 1,800 間，必須合乎下列指標範圍的企業，才能稱得上是合適的投資對象。

每股盈餘

每股盈餘（Earning Per Share, EPS）是淨利除以發行股票數量，代表企業營業 1 年賺取的收入呈現在每張股票的價值。

舉例來說，1 年淨利是 100 萬韓元（約新台幣 2.5 萬元），股票如果是 1 萬股，EPS 就是「100」。EPS 高代表企業很賺錢，如果近幾季的 EPS 都持續增加，就能視為營運狀況持續很好，不是曇花一現。

本益比

本益比（Price to Earning Ratio, PER）是企業目前每股市價除以 EPS，是站在企業獲利能力層面來判斷的指標。

舉例來說，股價 1 萬元的企業的 EPS 如果是 2,000 元，PER 就是「5」。換句話說，這家企業的股票以 EPS 5 倍的價格出售，回收投資本金需要 5 年左右。

大致上，PER 越低越好，但相同業種互相比較是有意義的。因為如果是成長能力佳的業種，跟目前的利潤相較之下，股價也可能會顯得太高。

成長能力佳的企業有時也會在 PER 30 或 40 時交

易，舉例來說，健康照護類股有時會維持高 PER，這是因為成長能力佳。如果單憑 PER 高就認為昂貴，那是不對的，一般來說是反映成長能力才會維持高 PER。

股價淨值比

股價淨值比（Price on Book-Value Ratio, PBR）是股價除以每股資產淨值，測量企業的股價是資產淨值的幾倍，是從資產價值層面來判斷的指標。

資產淨值是指公司停業清算時分配給股東的金額，換句話說就是公司擁有的房地產、設備器具等資產帳面上的價值，也稱為清算價值（Liquidation Value）。

舉例來說，假設某企業的總市值是 1 兆元，持有的資產淨值是 2 兆元，PBR 會變成「0.5」。該企業相較於資產可以說是被低估了，因為股價只有資產淨值的 0.5 倍。

如果 PBR 是 1，代表目前現值（Present Value）與

每股資產淨值一樣。PBR 若是低於 1，股價就是相較企業資產價值被低估；若是高於 1，股價就是被評估高於資產價值。

不過，PBR 和 PER 一樣不是低就代表好，一般來說，成長能力低的公司多半都是維持低 PBR。

股東權益報酬率

股東權益報酬率（Return On Equity, ROE）是淨利除以股東權益（Shareholders Equity），代表企業利用資本賺取利潤的程度。

舉例來說，資本是 1,000 萬元，1 年賺取 200 萬元的利潤，ROE 就是「20」。這和銀行利息是類似概念，但以最近情況來說，在銀行存 1,000 萬元，1 年的利息只有 10 萬元左右。

ROE 越高越好，至少要高過市場利率才能稱得上具備投資價值，如果銀行利息更高，把錢存在銀行會勝過買股票。

不過，還是得觀察 ROE 的增加方式，因為有時候不是分子（淨利）增加，而是分母（資本）減少。

事實上，韓國企業過度持有現金，導致 ROE 太低是常見的情況。如果企業懂得替股東著想，就會把此一現金當股利分配，或買入自家公司股票努力提升 ROE。

企業價值／息稅折舊攤銷前盈餘

市場價值除以稅前收入就是企業價值（Enterprise Value, EV），代表企業的未來創造力。

EV 是以「總市值＋借款」計算，實際意思是買入某間企業時必須支付的金額。想收購企業就得接收該公司的股份與負債，因此當然也包含了借款。

息稅折舊攤銷前盈餘（Earnings Before Interest, Taxes, Depreciation and Amortization, EBITDA）是以「營業利

潤＋折舊等非現金費用＋稅金」計算。

EV 是用來加強 PER 的指標，PER 使用了當季淨利，因屬於稅後淨利，無法知道特殊損益與稅金等因素是否有造成影響（見圖表 4-1）。因此 EV/EBITDA 使用了未包含稅金在內的營運現金流量 EBITDA。

舉例來說，EV/EBITDA 如果是「5」，企業如果賺取和目前相同水準的金額時，要賺取相當於企業價值

圖表 4-1　損益表的流量

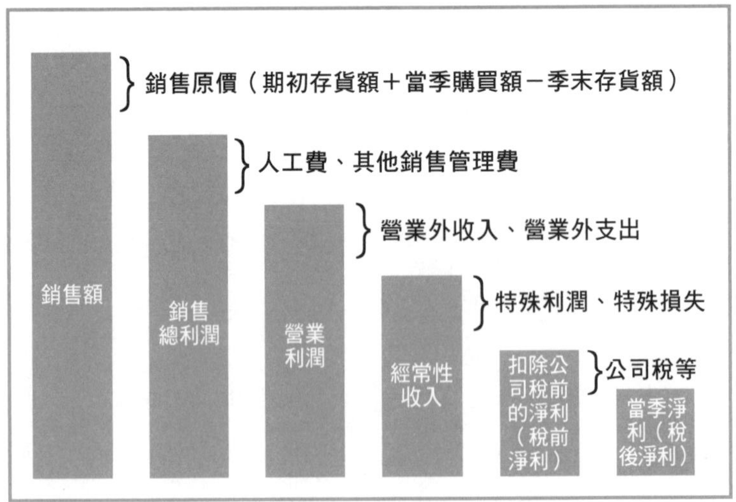

的收入需要 5 年。

此數字越低，就代表回收投資本金所需要的時間越短，因此 EV/EBITDA 越低越好。

選擇營業內容淺顯易懂的企業

判斷企業財務狀況時，使用上述指標就能進行分析，專家可能也會有其他特殊分析工具。

挑選企業時必須注意一點，就是選擇自己了解的業種，因為選擇了解的領域，才能明白發生變化時代表的意義。

舉例來說，企業讓事業領域多元發展屬於良性變化，不過，製造冰淇淋的公司如果突然說要拓展高爾夫球場事業，就無法和原本的事業形成協同作用，這種類型的事業擴張就必須考量其妥當性。

以我納入投資組合的公司來說，多數投資領域無法賺取高利潤的公司都已經出售了。

長期持有是投資股票的不變法則，話雖如此也不是要置之不理，買入後也要持續管理。換句話說，持有股票時應該觀察企業是否有發生特殊情況，想要確實掌握狀況，就必須是自己清楚的領域。

這部分可以參考巴菲特的例子。美國在 1990 年代末期掀起網路旋風，相關類股在股市中暴漲，但巴菲特卻選擇不投資這類股票，理由是他不熟悉網路相關領域。

投資訣竅在日常生活中也能找到，在自己的工作中也能找到，全職主婦去賣場買東西時，可以觀察擺放在最好位置的是何種商品；如果喜歡戶外活動，也可以關注受歡迎的戶外用品；設計師能分析最能反映使用者感官的軟體公司。

如果兒子是電玩遊戲愛好者，也可以問他遊戲公司的資訊，別只是一味罵小孩、叫孩子不要玩電玩，如果能和兒子一起分析遊戲公司並談論投資股票，相信就能成為賢明的父母，以及睿智的投資人。

許多資訊在網路上都能輕易搜尋到，只要稍微多關注且付出誠心，一定能找到有能力且有道德的經營團隊管理的企業、財務結構堅強的企業，以及未來會繼續成長的企業。

選擇自己能掌握的事業領域的企業，並持續收購該公司的股票吧！這樣投資股票就算成功一半了。

16 如何挑選基金？

想找出前途一片光明的企業需要付出時間與努力，雖然任何人都能找出優質企業，但偶爾會出現難以分配時間，想分散投資時投資金額卻太低的情況。這種情況下，與其買股票，投資基金會是更好的選擇。

專門投資基金的機構匯集多數人的資金投資後，把獲利分配給加入基金的人，屬於典型的間接投資。

管理基金的負責人稱為基金經理人，也有投資股票、債券、不動產等各種不同商品的基金。

投資基金最大的優點是可運用專家的投資訣竅，基金經理人以投資為主業，運用資金的方式比一般人更科學與專業。一檔基金可能會由某個人專門負責，但為了提升效率，也會由多人組成一個團隊負責。

投資基金還有另一項優點，就是分散投資。

基金是以股票、債券、衍生性商品、實物資產等資產組成投資組合，投資範圍包含國內與國外的商品。如果是主要投資股票的基金，由於會編列多個業種與品項，自然就會分散投資。

另外，因為會向多數投資人募集資金予以運用，所以也能投資原本利用個人小額資金難以投資的標的。

觀察基金的三項要點

投資基金時，必須注意幾項要點。

1. 負責的基金經理人，是否以長期投資為原則

基金隨著管理風格不同會有不同結果，如果是短期重複買賣的經理人，頻繁買賣不僅會造成支出過多，基

金的報酬率也會變低。

一定要仔細檢驗相關基金經理人過去的資歷、是否常換公司、以及是否經常買賣股票。另外，在基金的管理過程中如果更換經理人，管理風格也會隨著改變，也可能對報酬率造成影響，這就是要仔細觀察基金經理人的理由。

2. 必須觀察成本結構

投資基金的支出費用包含手續費與服務費，手續費是買進（前收型〔Front-End Load〕）或贖回（後收型〔Back-End Load〕）基金時支付的費用，屬於只收取一次的費用；服務費在投資期間內都應支付，而且報酬率是負的情況下也要支付。

韓國分為販售服務費、管理服務費、受託者服務費、一般事務受託服務費等，一般來說是 2%左右，依照基金而不同。[*]因此，當基金報酬率是 10%時，會扣除 2%當作服務費，只有 8%分配給投資人。

以長期投資來說，這種方式對整體報酬率造成的影響不小，因此一定要了解清楚各類型基金的手續費與服務費。

3. 基金規模

想讓投資穩定就必須具備某種程度上的規模，雖然沒有既定標準，但一般來說至少要 100 億韓元（約新台幣 2.5 億元）以上。

目前韓國的基金數量是世界數一數二的，但市場規模幾乎吊車尾，規模過度小的基金難以分散投資，也可能出現管理公司疏於管理導致發生問題的情況。

---

* 台灣一般申購基金除了前收及後收型管理費，還有信託管理費（透過銀行購買時收取，贖回時收取每年 0.2%）、經理費（每年約 1～2.5%）、保管費（每年約 0.2%）等，但實際收費仍視各申購平台及機構折扣而訂。

我任職邁睿思資產管理公司後，首次推出的基金是「Meritz Korea Fund」，簡單來說，基金的性質可以說是「長期投資、治理結構透明與具競爭力的企業」，這段期間我的投資哲學都反映在基金的管理上。

在 2013 年 7 月完成設定後，2016 年時湧入 1.6 兆元（約新台幣 400 億元）以上的資金，同時也得以確定有許多投資人都認同我的投資哲學。

雖然當時創下該時期最高報酬率的紀錄而備受矚目，但當下的報酬率實際上沒有太大意義，因為往後也會抱持合夥人的心態長期投資。

我相信真正好的基金就算過了 10 年、20 年，報酬也會像滾雪球一樣越滾越大，讓投資人的養老生活更多采多姿。

市場的長期走勢

只要資本主義的體制存在，股市理所當然就一定會存在。

在企業成長的過程中想擴展新事業或擴充設備，就會需要額外資本，一般來說會向銀行貸款，也會需要從股市調度資金。

資本主義越發達，股市就會扮演該體制的核心角色，股市終將也會隨之上漲。因為股市是交易未來生產活動期待值的地方，而且正常來說，人類的生產能力絕不會倒退。

舉例來說，現在的汽油車如果會被取代，就會變成電動車或氫動力車等更進步的型態，而不是變成像過去一樣騎馬。

舉個實際例子，圖表 4-2 是韓國綜合股價指數的走勢，是使用線圖呈現月收盤價，雖然畫上細微的波動且重複漲跌，但可確定整體是上升趨勢。

圖表 4-2　韓國綜合股價指數（KOSPI）20 年的走勢（1996 年～ 2016 年）

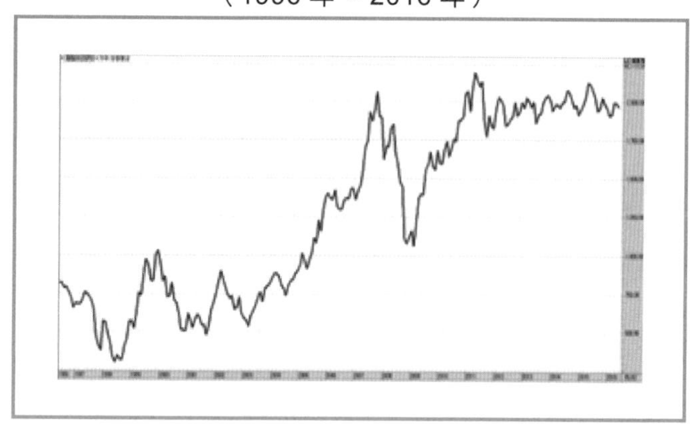

圖表 4-2 左下方是指數的低點位置，那個時期南韓正面臨金融風暴，整個股市籠罩在恐懼中。到處都怨聲連連，甚至有人認為：「難道韓國會就這樣滅亡嗎？」不過後來市場再次振作起來且持續上漲。

但在 2007 年～ 2008 年國際金融危機時，股市又再次面臨暴跌，指數在恐懼中再次抬頭，在前高的位置微微波動。

圖表 4-2 最右邊是 2016 年上半季的位置，相信許多人都很想知道「指數會向上還向下？」

不過我從來不曾有過這類疑問，無論今年是漲或跌，或是明年跌或漲，我相信長期來看，最後一定會是上升的。

投資股票就該先擁有這樣的信念，才能成為優質企業的堅強合夥人，再加上如果能夠牢記**閒置資金、分散投資、長期持有**這三個原則，相信任何人都能在股市成功。

運用閒置資金，不擔心被迫賣股

通常我建議他人投資股票時，對方多半都會說沒錢，我認為暫且先不提是否有資本投資股票，一般人根本就沒有把投資股票列為準備養老金的方法。也可能是沒有成為有錢人的想法，或是提早放棄了。

買車、拿名牌包和喝昂貴的咖啡卻喊沒錢，這是缺乏退休規劃意識的一大證據，股票和房地產不一樣，投資時不需要大筆資金，少搭 1 次計程車、少喝 1 杯咖啡就能當投資本金。有 1 萬元就買 1 萬元，有 10 萬元就買 10 萬元。

對股票哲學有堅定信念的人不會過度消費，因為他們很清楚把消費轉換為投資時，就能獲得豐碩果實。想炫富買名牌包或衣服的人，和拿閒錢投資的人會隨著時間拉開貧富差距。

閒錢是指當下省下的錢，股票不像房地產需要擬訂契約之類的步驟，使用「多易點」系統就能輕易買入。把小錢也存入證券帳戶，每 1、2 個星期購買 1 次股票，讓買股票像在商店買物品一樣，成為日常生活的一部分。

需要銘記在心的是，**絕對不能借錢投資**，如果舉債投資就無法長期持有，必須使用閒錢，應該使用薪水的一部分，也就是少了那筆資金，當下也不會造成大問題。舉例來說，下學期子女的註冊費或 1 年後要調高的全稅*都不能算是閒錢。

偶爾會出現定期存款期滿想投資半年左右的人找我諮詢，但我不清楚哪些股票可以在半年內就賺錢，也不認為有人會知道這種事，因為要預測短期內的股價是不可能的事。

如果舉債或使用即將需要的資金買股票，無形之中就會造成心理壓力，對股價的漲跌就會更敏感，反覆買賣後造成虧損的機率相當高。

唯有使用閒錢投資，才能避免隨時都可能在逼不得已的時間點賣出股票的壓力，股票應該是想持有才買

* 韓國人把房租分為「全稅」和「月租」，全稅的特徵是在租賃時需要繳納大筆金額的押金，是向房東一次性交付簽訂租房合同時定下的押金，然後每月不用再支付月租的一種租房制度。

入，因為好股票經過長時間後一定會上漲。

分散投資，也是分散風險

所有投資都伴隨風險，股票也不例外，儘管如此還是必須投資股票的理由，就是這是能從一般人晉升有錢人的唯一方法。

不過，如果有降低風險的方法，就應該先做好完善的預防措施，投資股票時降低風險的方式就是「分散投資」，挑選大約 15 ～ 20 支股票。

分散投資的方法有好幾種：

1. 業種分散

沒人能預料股價何時會上漲或下跌，也沒人能精準知道哪類股票會漲，哪類股票會跌。如果投資組合中包括容易受景氣影響的業種，那也要加入不會受景氣影響的，分散投資是每個人都知道的傳統方法。

2. 區域分散

如果這段期間只有投資韓國股市，也能投資其他國家或區域的股市分散風險，近來隨著投資海外股市趨向普及化，大部分的證券公司「多易點」系統也都能交易，如果難以分析海外企業，加入投資海外的基金也是一種分散投資的方法。

3. 時間分散

不是要一口氣投資鉅額資金，而是每個月累積的投資方法。此時無論股價高低，都得遵守在既定時間依照既定金額買入的規則。

最好是以「發薪日，薪資的 10%」為原則，時間分散是從越年輕開始越有利，因為可獲得長期投資帶來的豐厚效益。

長期持有，帶來複利效果

「請問執行長，我買的基金3個月漲了20%，該贖回嗎？」

「因為聽說不錯就買了，結果1個月跌了10%，該怎麼辦？」

這是我回韓國後最常聽到的問題，每次都讓我很傻眼。股價短時間內會反覆漲跌，但長期來看一定是呈現走升的趨勢，當然前提是要挑到好公司，因為股價的優劣取決於企業價值。只因為幾個月的上漲或下跌就不知所措，我實在不知道該給這類人什麼樣建議。

企業努力工作創造利潤才會成長，如果想獲得長期成長的豐碩果實，就該長期持有。

股票應該長期持有的另一個理由，是股價能帶來複利效果。

我們先來了解一下單利與複利。單利是只計算本金的利息，複利是本金產生利息後再併入下次計息，產生利滾利的效益。

舉例來說，假設現在把 1,000 萬元存入銀行 3 年，每年利率是 10%。如果是單利，把 3 次的利息「1,000 萬 ×10%」加起來就是總利息。

如果是複利，從第二年開始利息金額會不同，第一年的利息是「1,000 萬元 ×10%」的 100 萬元，第二年是該利息加上本金，所以是「1,100 百萬元 ×10%」的 110 萬元。

第三年是利息加上本息「1,210 萬元 ×10%」的 121 萬元。雖然看似複雜，但彙整成表格後就會淺顯易懂（見圖表 4-3）。

3 年是很短的時間，大概不會有顯著差異，不過隨著時間越長，兩者就會產生懸殊差異。如果是單利，5 年後利息是 500 萬元；複利的利息超過 610 萬元。

那 30 年後會是多少？如果是單利，利息是 3,000

圖表 4-3　1,000 萬元存 3 年，每年利率 10%

	單利（萬元）	複利（萬元）
1 年後利息	100	100
2 年後利息	100	110
3 年後利息	100	121
總利息	300	331

萬元，複利的利息則是 1.64 億元。

很驚人吧！所以複利被稱為是「魔法」，愛因斯坦則稱它為「人類最偉大的發明」。

股價會帶來複利效果，假設現在買入 1 萬元的股票，第一天上漲了 10%，價錢就是 1.1 萬元，第二天的基本價格是多少？不是 1 萬元，而是 1.1 萬元。如果隔天也上漲 10%，就是 1.21 萬元，這等於是報酬再次投資的意思。

下跌的時候當然也是以複利計算，第一天如果下跌 10%就會變成 9,000 元，第二天如果也下跌 10%就是

8,100 元。

不過，股價通常不會一直上漲或一直下跌，而是會反覆上漲與下跌，經過長時間後終將會是上升。因此，如果想**透過投資股票獲得複利的魔法，就該盡可能長期投資**。

代表性例子是巴菲特主導的波克夏公司，波克夏 2009 年的年度報告指出，在 1965 年後的平均報酬率是 20%。

如果單單只有一次報酬率達到 20%就不足為奇，不過，因為連續 44 年間的年複利是 20%，資產會像從高山往下滾雪球一樣暴增。

波克夏的投資哲學在「寄給股東的信」中的一段話可一覽無遺：「如果你不想持有股票 10 年，那就連 10 分鐘都別持有吧！」

世界知名的投資人投資的，其實也都是我們知道的市場，雖然管理的資金規模龐大到我們根本無法比較，一般人想投資時，擁有各種經驗的專家也會給予幫助。不過就算是專家，能否成功投資就取決於是否有遵守前面提到的三個原則。

重要的哲學就是，**選擇優質企業後，使用閒錢持續買入股票，只要企業沒有發生重大變異就該長期持有，**如此才能獲得高報酬率。

結語
財富翻身，從好好投資開始！

談到「投資股票」，大概很多人都會想到華倫・巴菲特，因為他不僅靠投資股票成為富豪，還使用聰明投資哲學引導全世界許多投資人。

我認為巴菲特是最清楚了解資本主義的人之一，他說自己小學時就算看見朋友買糖果吃，他也不會去買，反而設置了販售糖果的機器。他很清楚每當朋友買糖果吃，流進自己口袋的銅板所帶來的滿足感遠遠勝過吃糖果時的甜蜜感。

還有一個更驚人的事實，巴菲特從小就能親自實踐心中的想法，這種情況如果換作是發生在韓國，當一般小學生買糖果吃時，自己的小孩卻設置了糖果販賣機，一般的韓國媽媽會有什麼反應？會不會發飆臭罵孩子而且認為很丟人現眼呢？說不定也可能會對孩子說：「小小年紀就這麼愛錢，長大還得了！」

韓國媽媽最常對孩子說的就是「比其他人」、「和其他人一樣」，讀書一定要比別人更棒，其他方面則必須和其他人一樣。

不過，**人生並不會局限在教科書上，成功更不會受考試左右。唯有懂得放遠目光、轉換思維、面對問題時使用獨特的解決之道，最後才能迎向成功之路**。

如果希望子女擁有成功人生，就應該培養子女各種不同的經驗，為了達成此一目標，家長就該先擺脫舊有的既定觀念。不該一味地為了搬到好學區而負債累累，也不該為了聘請著名的家教而互相競爭，這終究只是把子女培養成上班族的方式。

在資本主義社會中，我們必須擁有比任何人都更想成為資本家的欲望，不能只是光靠勞動賺錢，也要讓我們擁有的資本去工作賺錢，因此父母應該讓孩子從小就「熱愛」金錢。

現在我們不該把孩子培養成上班族，而是該把他們培養為認識金錢且懂得累積財富的資本家，父母要先讓自己擁有資本家的思維，成為資本家最簡單、最快的方法就是買股票。

先檢視一下是否有飯局、外食、其他可降低的支出，把盡可能省下的錢拿去買股票。當然也可以停止子女的補習與家教，把那筆錢拿來買股票。

韓國已晉身全世界已開發國家之列，儘管如此，對投資股票的認知程度幾乎和落後國家差不多，美國等已開發國家從前也是透過勞動力賺錢，透過國民年金與退休金等方式把錢投資股市，數十年後退休時，就能利用這段期間的投資成果去旅行、享受休閒樂趣、過著舒服自在的生活。

如果父母能更早懂得利用勞動力與資本一起賺錢，大概早就存好子女的教育費，也做好自己的養老準備。

前陣子我遇見一對夫妻，雖然他們不是過得非常好，但因為都在工作賺錢，生活上也沒有太大問題。因為平常都在忙工作，從來不曾思考退休，認為「只要有保險和退休金應該就夠了」。

後來在報紙上看見我撰寫的〈養老準備與投資股票〉相關文章後，就找時間檢視自己的資產現況，結果相當震撼，萬萬沒想到退休金能領到的金額遠遠低於預期，而且少得可憐。

經過和老公與孩子的一番討論後，他們開始定期定額投資。對方後來說：「很感謝我能聽他們說自己的故事，以及讓他們能改變舊思維。」

「投資股票不是選擇，而是必須」，得知我的想法真的為其他人帶來轉變後，我也因此獲得了鼓舞，如果每個人都能改變思維，相信我們的未來會更光明。

我再次強調，**股票必須長期投資，如果能趁早花時間投資，就能獲得越豐碩的果實**，這就是投資股市的祕訣。千萬不能猶豫不決，一定要立即展開行動。

一般人之所以能成為有錢人，共通點就是能立即付諸行動的實踐力，應該要把錯誤使用的資金轉而用來替養老生活投資，把收入的10%全都投資股票，省下補習的費用，改成買股票吧！

附錄
投資股市常見的問題

過去2年我透過演講接觸過許多人，主題是子女教育和養老規劃，演講內容的主軸是投資股票。演講結束後，會有一段時間讓聽眾提問，或者是以交談的方式來討論。

很多人都對我的觀點表示認同，承認自己確實需要改變，不過很多人卻不知道該從何著手，相信有很多讀者也有相同煩惱，因此我彙整了最常遇到的問題。

Q：就算想停止補習，但孩子放學後沒有人陪，為了能結交朋友，逼不得已只能選擇去補習了。

家長長久以來的問題就是太在意旁人的眼光，只要其他家長會做的事，不管如何都要跟著做。

與其說是真的認為需要補習，不如說是因為其他小朋友都有補習，擔心自己的小孩如果不去，成績就會輸給其他同學，因為罪惡感與恐懼感使然，逼不得已才讓小孩去補習的情況居多。

這段期間我每次去演講時，都會極力建議家長把補習的資金拿去投資股票，讓我相當訝異的是，許多家長的反應都很積極。

他們表示自己教育小孩的方式錯誤且深感後悔，不過後來立刻補上：「也請告訴其他家長吧，這樣我應該就能真的放棄家教……」換言之，只要別人放棄補習，自己也會放棄。要不要轉換思維，自己先放棄補習呢？

家長的執行能力很強，在聽過我的演講後，一一開始結束提前學習等的補習，說不定很快就會流行且掀起停止補習的熱潮。

我真的想提供好的點子給大家，假設是因為小朋友放學後沒人陪伴，逼不得已只好送去補習班，要不要召集想法差不多的家長組成「投資俱樂部」呢？然後開始把毫無意義的補習費用當作本金投資股票。

說不定孩子們發掘優質企業的眼光比父母更優秀，成年人雖然早已被既定觀念束縛，但孩子是與未來更相近的世代。

我認為在這種環境中成長的孩子其競爭力會遠遠勝過每天熬夜背英文單字或數學公式的孩子，如果從小就研究全世界的股票與進行投資，就會擁有比大部分時間都在補習班的其他人擁有 10 倍、100 倍的競爭力。

前文我也多次強調過了，努力讀書考上好大學已經不再是成功捷徑，因為世界早已改變，而且種種現象也在證實這一切。

名校畢業卻無法順利就業的案例隨處可見。過去的成功範例已經不適用現代社會，**唯有發現別人沒看見的部分，擁有不同於他人的思維才能成功**。

這類能力不管是現在或孩子生存的未來都是不可或

缺的條件，因為孩子的競爭對象不是同班同學，而是世界各地的其他小孩。

停止補習有兩個好處：

1. 子女可擺脫傳統的束縛，擁有獨創的思維。

2. 可以把補習的支出拿來投資股票與規劃未來。

Q：投資股票好像風險很高？

投資股票，短期來說確實如此，因為風險高，相對能獲得的成果也相當豐碩。在資本主義社會中，高報酬伴隨高風險的真理是不會變的。

不過，一般人對投資股票的風險有非常深的誤會，投資股票的風險和我們每天早上起床到晚上睡覺前，重複的許多選擇的風險一樣。

我們明知道到處都存在著會被雷電擊中、遇到交通意外、被強盜刺傷的風險，還是會外出上班與上學，沒人會因為害怕被車撞而一直賴在床上，因為通常這類風險都被視為在可控制範圍內。

為了上班時不被車撞，我們下意識會做出許多行動，紅燈時停下腳步，綠燈時移動，穿越馬路時走斑馬線，外出時都會觀察周遭狀況。

投資股票的風險也一樣，假設某座湖泊設有「危險！常發生溺水意外」的告示牌，你還是衝進湖泊裡，那未免也太魯莽。

和這類湖泊相較之下，股市比較像是有設定規則且能安全玩水的游泳池或溪谷，屬於只要遵守**閒置資金**、**分散投資**、**長期持有**這幾個原則，就一定能妥善控管的風險。

如果還是認為股市太危險而不敢投資，那和擔心溺水而一輩子不敢接近游泳池有何差別。

Q：老師叫我們別投資股票，一定要投資嗎？

許多投資人都是在沒有任何投資哲學，或抱持錯誤投資哲學的狀況下投入股市，不過，經濟專家、金融人士同樣也會有錯誤的投資哲學，在財經節目中推薦股票、探討圖表、分場市場的主播，事實上有很多也都沒投資股票。

這種情況就和我任職邁睿思資產管理公司前，這公司多數員工明明從事銷售基金的工作，卻沒買自己公司基金是一樣的；也和餐廳老闆不吃自己餐廳的料理一樣，既然會把自己都不信任的物品賣給顧客，當然無法被稱為是值得信賴的專家。

我們必須清楚牢記一點，千萬不要盲目認為專家一定比我們更聰明、知道更多的資訊，我認識的韓國經濟學教授、基金經理人、銀行職員、財經頻道主播等，很少有人稱得上真正了解投資股票。

曾經有一位教授在節目中說：「目前外國投資人的

趨勢都在賣出股票，因此我們必須跟著賣出。」

當下我忘記還在錄影，立刻問：「你見過所有的外國投資人嗎？」

投資韓國股市的外國人又不是只有 1、2 個，對方怎麼能一副知道所有外國投資人想法的口氣呢？

短期市場預測的所有相關資訊只是會擾亂投資人的雜音，如果不具備投資哲學，只會一味被這類的雜音左右，投資股票當然會很危險，這類型的人我會建議別投資股票。

不過，**投資股票能靠正確的投資哲學降低風險**，而且是勢在必行的。

Q：身邊投資股票的人都沒能成功獲利，投資股票是必要的選項嗎？

在韓國很難找到投資股票賺錢的人，多數人都對投資股票持負面態度。

我一直都主張投資股票不是選項，而是一定要執行且不可或缺的投資，實際上我也這樣實踐。

在資本主義社會中，若想成為有錢人或迎接舒適的退休生活，除非成為某間公司的老闆，不然就應該投資股票。

懂得這種原理的人不敢輕易過奢侈或浪費的生活，因為這類型的人一心只想著要投資股票，這就是有錢人與貧窮者之間的差異。

資金過度投入補習，而不是挪用去投資的人，最後終將只會一步步走向貧窮。

投資股票有幾項優點，其中最大的優點是不管睡覺或放假，我們投資的公司的員工也是會努力工作幫我們累積財富，因為我就是公司的主人。

當我們投資股市，幫我們賺錢的就是該公司的員工，不過奇怪的是，韓國投資人都想自己賺錢，也就是只想利用買賣股票賺價差，這就是造成投資股票失敗的最大原因。

反覆買賣不熟悉的企業賺取10%、20%左右的報酬就認為自己表現的不錯，不過卻沒能守住這筆錢，最後以失敗者的姿態離開股市，離去時還不忘說：「果然股市和賭博一樣！」

其實投資股票並非賭博，反倒是這類人的行為才是真正的賭博，但當事者卻毫無自覺。

投資股票的關鍵就在於選擇好企業，之後只要長期持有股票就可以，**好的企業會日益成長，總市值會增加，股息也會變多**。

投資人只要耐心等待就行，在等待過程中需要認真觀察與檢視公司變化，因為投資人是持有股份的合作者，這種程度的努力當然是必備的。

假設身邊有人投資股票賠錢，一定是因為不具備投資哲學，而不是「投資股票」。偶爾能見到投資股票成功的人，這類人都有共通點，那就是長期投資。

Q：以前我都是遠離股市，只投資房地產，這段期間投資房地產獲得不少報酬，未來我該投資股票還是房地產呢？

一般韓國家庭把資產分配在房地產的比例太高了，過去 20 ～ 30 年房地產的價格大幅上漲，很多人都是透過投資房地產才得以規劃退休生活。

不過，除了特定地區，未來房地產價格的上漲幅度大概很難和以前一樣，最大的理由就是，出生率降低與人口高齡化。隨著時間過去，未來想賣房的人可能會比想買房的更多。

相較之下，股市將會成為隨著經濟成長不可或缺的投資途徑，特別是投資股票時有一項優點，它不像投資房地產需要一筆鉅額資金，只要減少日常生活中不必要的開銷就充分能存下一筆投資金。

定期把部分收入投資股票，以及用省下的錢買入股票，我認為就會是一種非常棒的退休規劃。

Q：我原本對投資股票有偏見，認為不該投資股票，但現在認為應該多關注股票，該如何開始？

如果因為年紀大無法長期投資，我認為一定要買股票或股票型基金為退休生活做準備，不過，隨著年齡增長，當然也該斟酌一下金融資產中投資股票的比例。

舉例來說，假設目前是50歲，我認為股票的比例必須占金融資產的50%～70%，不過，通常都會依照本人的喜好而不同。

另外還必須記得分散投資，不要只投資韓國股市，還必須多關注國外的股市。

父母還必須要建議孩子投資股票，因為他們可長期投資，相信日後能獲得更豐碩的成果。與其把錢拿去讓子女補習，還不如把錢投資股票用來規劃未來，我認為這會是更明智的方法。

必須使用目前不急著使用的資金，特別是絕對不能借錢投資。

Q：我想投資股票，但沒有閒置資金，怎麼辦？

使用閒錢投資是最基本原則，不過，很多人都說沒閒錢而無法投資，事實上真的這樣嗎？

答案是否定的，這類人不是真的沒閒錢，而是因為尚未深刻體會到沒規劃退休生活的嚴重性。

退休規劃應該是我們花錢時最優先考量的，如果早已擁有龐大的資產就另當別論，但若是沒有龐大資產，由於未來收入可能會減少，應該趁早為退休生活做好完善規劃。這就是我一再強調必須分配部分收入來投資股票的理由。

平常降低開銷省下的錢同樣也該用來投資股票，我並不是指花光閒置資金後剩下的錢，而是指盡可能節省當下的開銷，創造未來的資金。

我們要停止不自覺重蹈覆轍的浪費，把資金運用在投資股票，過度的補習費用、買名牌、進口車等或許能滿足當下的欲望，但卻會讓我們步向貧窮的老年生活。

Q：挑選企業時，最該重視的條件是什麼？

投資股票就和尋找合夥人一樣，試著思考自己想和哪一類型的合夥人工作，你會如何挑選合夥人呢？哪些因素最重要？是不是該先篩選值得信賴的對象？工作能力等條件也都會是重要的判斷標準吧！

從投資股票的層面來看時，這就稱為公司治理結構，需要針對透明的管理方式進行分析，以及仔細觀察公司在經營管理上是否有以股東為主軸，重視股東利潤的公司多半都不會讓投資人失望。

以前我出售股票時，因為對治理結構失望而賣出的比例，多過於因為對公司未來不抱期待的情況。公司治理結構如果太差，就會很難長期投資，因為就算公司營運順利，數十年後是低股價的可能性非常高。

不只是外國投資人擔心韓國的公司治理結構，很多一般顧客也是一樣，不過，我個人是抱持樂觀見解。

或許以前很多大股東都對股價漠不關心，但未來一定會開始在意股價高低，因為他們將會明白股價是決定財富規模的一大因素。

舉例來說，發生掏空等損害股東權益的情況時也會反映在股價上，總市值暴跌造成的損失會更加嚴重。

以愛茉莉太平洋集團的治理結構為例，總市值上升後讓管理團隊成為富豪，也讓投資人獲得龐大利益，假設愛茉莉太平洋集團為了獲得微不足道的利益而做出辜負股東的行為，管理團隊的財富一定會大規模縮減。

預計未來做假帳等造成股東價值損失的事將會大量

減少，「韓國折價」（Korea Discount）*的情況也將會降低，這對投資股市的人來說是一件好消息。

Q：退休金是我唯一的資產，利用退休金也能投資具有風險的股票型基金嗎？

如果退休金是你唯一的資產，我認為這樣根本就不算是規劃好退休生活，如果執著於保本的投資，注定就會過更艱辛的退休生活。

雖然比例會隨著年齡不同，但與其執意保障本金，應該要讓退休金和勞動一樣為我們工作，畢竟退休金也屬於資本的一部分。

讓資本工作最好的方法就是投資股票，退休金很自然就能執行長期投資，因為部分的薪水會持續累積，所

---

* 即韓國綜合指數市值與其他亞洲基準指數（不包括日本）之間的差距相較，韓國企業股價與外國同行相比偏低。韓國股市低迷時，本益比遠低於其他亞洲股市，股市評級低，股票投資風險較高。

以也能分散投資。

我們應該善用資本增加速度比薪水調升更快的事實，因此最先該做的就是擺脫一定要保障本金的偏見，以及拋棄退休金是唯一的養老金，如果無法保障本金就會有風險的觀念。

因為保障本金的荒謬邏輯把養老金定存放在銀行是錯誤的，如果想為退休生活做準備，退休金和閒置資金都必須投資股票，薪資的一部分也該用來投資，還要糾正錯誤的消費習慣把錢省下來買股票。

Q：長期投資是指多久的時間呢？

研究過股票的人應該常聽到長期投資、分散投資之類的建議，不過問題就在於他們所說的長期投資並非真正的長期投資。

那些被稱為專家的人雖然也會說長期投資很重要，

但卻很容易因為 3 個月、6 個月這種短期報酬率而忐忑不安，只是有 3 個月、6 個月就說是長期投資，這是因為他們根本就不在意企業的基本面。

站在長期投資的觀點來看時，1 年也算是很短的時間，就算公司擁有良好的營運模式與公司治理結構，股價在短時間內一定都會呈現反覆上漲與下跌。股票應該是買入後存起來，沒有特殊理由就不該賣出，因為好的股票長期來說一定都會上漲。

謹慎選好要投資的股票後，短則等待 5 年，一般來說要等待 10 年、20 年才能算是真正的長期投資。長期投資會帶來非常豐碩的果實，唯有具備耐心的真正長期投資人，才能有豐盛的收穫。

Q：因為相信長期投資，5 年前買了某支股票，目前還嚴重虧損，這樣還該長期投資嗎？

一般人似乎都對長期投資有嚴重誤解，**長期投資是**

指買入好股票並長期持有，而非隨便買後長期持有。也就是專心篩選好的股票後，不能因為短期走勢買賣，或受股價變動影響。

不要執著於 10%或 20%的價格漲跌，如果能長時間投資，相信一定能獲得更棒的成果。

就算是長期投資，任何一支股票都可能出現虧損，甚至也可能會下市。因此挑選股票時應該慎重一點，投資之所以會失敗，大多數都是因為沒下工夫研究，冒然就跟著他人投資。

投資後也需要持續關注，過去營運順利的公司也可能因為各種因素導致投資價值降低。

想要分散這類風險，就必須使用閒置資金分散投資，把資金分散在多支股票，同時投資數個國家才能避免嚴重虧損。

長期投資 1、2 支股票不幸虧損就認為不該長期投資，是錯誤的想法，如果投資組合中有長期投資後能獲利 10 倍、20 倍、或 100 倍的股票，就能充分彌補 1、2 支股票造成的虧損。

Q：就算長期投資，總有一天還是會賣出，對嗎？

這番話沒錯，長期投資並不代表要盲目一直持有，也不該拚命尋找買點或賣點，而是該給予關注，持續觀察與研究股票或基金，買入或賣出時都應該有明確的理由。

邁睿思資產管理公司的管理團隊通常不在公司的時間多於在公司，因為比起一直盯著電腦螢幕買賣股票，親自去檢視投資的公司或新的投資目標更重要。

主要的工作是檢查公司是否遇到任何困難、銷售額是否增加、是否出現新的競爭者等，如果沒有太大問題，我們就不會賣出。

基金的情況也是一樣，如果是投資基金，就該研究管理團隊的投資哲學或變化，如果投資當時的哲學或團隊沒有發生任何改變，就不需要賣出。

大致上來說，發生三種情況時我們會賣出基金：

1. 股價因為出乎預料的理由暴漲

偶爾會有股價因為是主題概念股或未知的理由而上漲，這種情況當然要考慮賣出。

2. 管理方式變更，且與投資時的想法或哲學不同

公司治理結構發生變化、公司或公司隸屬之產業發生巨大變化時會考慮賣出。

3. 逼不得已賣出

也就是發現比目前投資對象更棒、非投資不可的目標，因為我們平常都會投資所有的資本，想要買新的股票就必須準備現金，這種情況下逼不得已就會賣出。

只有上述三種特殊情況下，我們才會選擇賣出。

Q：聽說很多韓國企業都有治理結構問題，這樣還有很多值得長期投資的公司嗎？

邁睿思資產管理公司的特徵之一就是會不斷拜訪公司，尋找值得發掘的公司是投資團隊每天的工作。

韓國的綜合股價指數與科斯達克（KOSDAQ）加起來總共有 1,800 間上市公司，其中還是有很多深具潛力的公司。

很多公司都具備優秀的經營團隊、健全的公司治理結構，以及堅強的經營模式，有很多都是目前公司規模小，但未來極有可能發展成功，而尋找這類的公司是決定成敗的關鍵。

從長期投資的觀點來看，這類的公司都是價值連城的耀眼珍珠，如以前的三星電子、SK 電訊等都是很好的例子。往後 10 年、20 年能獲得成功的公司比我們想像的還多。

Q：有人說韓國很像20年前的日本，有高齡化、人口減少等嚴重問題，如果現在投資股市，日後變成和日本一樣怎麼辦呢？

20年前的日本與現在的韓國確實有很多相似之處，但相異之處也很多，日本在20年前經濟早已泡沫化，房地產價格不斷上漲，股價也達到史上最高點。最明顯的例子就是，每股市價除以每股收益的數值PER超出70倍。

人口高齡化造成出生率低落與財政的惡化，利率持續下跌且長期無法擺脫經濟的沉滯。特別是日本有很多的資產都是70歲以上的老年人口所擁有，他們的資金都只存在銀行。從這個部分就能明白韓國如果不想變成和日本一樣，就應該投資股市。

目前韓國和20年前的日本相異的另外一點，就是中國的躍升。

儘管中國的經濟存在隱憂，但中國未來有可能成為比美國更強大的國家，對鄰近中國的韓國來說將是好機會。中國的崛起說不定會讓韓國很多公司失去競爭力，但就如同美國把許多領域都讓給日本，日本讓給韓國是一樣的，韓國也會有很多產業的競爭力被中國搶走。因此韓國更應該需要加強金融產業。

美國就算把製造業讓給日本，依然保有強國地位，因為美國是金融強國。國民的整體金融教育水準高，不會以異樣眼光看待投資股市，而且有採用員工認股權（Stock Options）或配股（Stock Grant）制度，也曾有利用投資股票占比高的退休金制度克服景氣低迷的時期。

相反地，日本身為製造業強國，但卻忽略金融領域。據說日本人把投資股票視為很羞愧的事，有些人就算投資股票，也會刻意隱瞞事實。

年輕人缺乏挑戰精神，追求安逸生活的人相當多，世界正快速變化，但日本卻有一種懷念與想守護舊事物的強烈保守傾向。

因為日本人不喜歡冒險，大部分的資產都存在銀行裡，事實上，日本過度以安定為主的資產管理方式也是造成經濟危機的因素之一，因為龐大的資金都沉睡在銀行裡。

韓國不能重蹈日本的覆轍，如果不想變成和日本一樣，國民就該改變，我們必須讓金融業發展成核心產業，投資股市的人也必須變多，而且不該因為短期的變動性而開心或難過。

線上
讀者回函

想讓小孩過得比自己好，
現在就翻轉家庭金錢觀，
跳脫財富世襲，
不僅為小孩打造致富 DNA，
自己也能安穩退休，
拒當下流老人！

https://bit.ly/37oKZEa

立即掃描 QR Code 或輸入上方網址，
連結采實文化線上讀者回函，
歡迎跟我們分享本書的任何心得與建議。
未來會不定期寄送書訊、活動消息，
並有機會免費參加抽獎活動。采實文化感謝您的支持 ☺

翻轉學系列 097

讓你和小孩財富翻身的脫貧思維

獲利兆元操盤手教你翻轉家庭金錢觀，為子女打造致富 DNA，拒當下流老人，安穩退休

作　　　　者　John Lee
譯　　　　者　林建豪
封 面 設 計　張天薪
內 文 排 版　黃雅芬
責 任 編 輯　袁于善
特 約 編 輯　許景理
行 銷 企 劃　陳豫萱・陳可錞
出版二部總編輯　林俊安

出　版　者　采實文化事業股份有限公司
業 務 發 行　張世明・林踏欣・林坤蓉・王貞玉
國 際 版 權　鄒欣穎・施維真
印 務 採 購　曾玉霞
會 計 行 政　李韶婉・簡佩鈺・許俽瑀
法 律 顧 問　第一國際法律事務所　余淑杏律師
電 子 信 箱　acme@acmebook.com.tw
采 實 官 網　www.acmebook.com.tw
采 實 臉 書　www.facebook.com/acmebook01

I S B N　978-986-507-992-5
定　　　價　360 元
初 版 一 刷　2022 年 10 月
劃 撥 帳 號　50148859
劃 撥 戶 名　采實文化事業股份有限公司
104 台北市中山區南京東路二段 95 號 9 樓
電話：(02)2511-9798　傳真：(02)2571-3298

國家圖書館出版品預行編目資料

讓你和小孩財富翻身的脫貧思維：獲利兆元操盤手教你翻轉家庭金錢觀，為子女打造致富 DNA，拒當下流老人，安穩退休 / John Lee 著；林建豪譯 . – 台北市：采實文化，2022.10

224 面；14.8×21 公分 . --（翻轉學系列；97）

譯自：엄마 , 주식 사주세요 : 존리의 미래를 위한 투자 원칙

ISBN 978-986-507-992-5（平裝）

1.CST: 個人理財 2.CST: 投資

563.53　　111013035

翻轉學

翻轉學

翻轉學

翻轉學